# mémoires d'homme

Collection dirigée par Jean-Pierre Pichette

# L'oiseau de la vérité
## et autres contes des pêcheurs acadiens
## de l'île du Cap-Breton

# L'oiseau de la vérité

## et autres contes des pêcheurs acadiens de l'île du Cap-Breton

### présentés par Gérald E. Aucoin

**musée national de l'homme**

Maquette de la couverture: Jacques Robert
Dessin de la couverture: Suzanne Duranceau

Les dessins accompagnant les contes sont de Sylvain Chevalier

Ce travail a bénéficié d'une subvention de recherche du Centre canadien d'études sur la culture traditionnelle, Musée national de l'Homme.

LES QUINZE, ÉDITEUR
(Division de Sogides Ltée)
955, rue Amherst, Montréal
H2L 3K4
tél.: (514) 523-1182

Distributeur exclusif pour le Canada:
AGENCE DE DISTRIBUTION POPULAIRE INC.
(Filiale de Sogides Ltée)
955, rue Amherst, Montréal
H2L 3K4
tél.: (514) 523-1182

# Préface

C'est en Acadie que la collection Mémoires d'homme jette l'ancre avec la publication de ce recueil de contes populaires ; nous abordons plus précisément dans l'île du Cap-Breton rattachée administrativement à la presqu'île de la Nouvelle-Écosse. Gérald E. Aucoin nous y convie à un pèlerinage merveilleux en compagnie de ses deux admirables conteurs, Jean Z. Déveaux et Marcellin Haché, qui ressuscitent dans ces pages expressément pour nous enchanter comme ils l'ont fait pour leurs compatriotes et pour les familles des pêcheurs tant de fois de leur vivant.

L'intérêt de ce livre ne réside pas uniquement dans la couleur locale de ses douze récits populaires connus mondialement, même si cette interprétation maritime s'avère tout à fait transparente. Son originalité propre se manifeste surtout par le mode de transmission retenu par le conteur Déveaux ; celui-ci a choisi de communiquer à l'enquêteur ses neuf récits, non pas par la parole, mais par le moyen de l'écriture, tout en conservant à sa phrase le style de la langue parlée — pratique que nous ne pouvons qu'encourager chez le conteur que le hasard n'a pas mis en contact avec l'ethnologue. Voilà un fait exceptionnel dont nous ne connaissons qu'un seul autre exemple de cette importance dans toute l'Amérique française[1] et qui à ce titre commandait la place que nous lui accordons dans la collection Mémoires d'homme.

JEAN-PIERRE PICHETTE

Centre d'études sur la langue, les arts et les traditions populaires,
Faculté des lettres, université Laval.

---

1. Iréna Poitras, *Contes populaires* (1976-1977), collection J.-P. Pichette, ms. 1272 à ms. 1283.

# Introduction

La région de Chéticamp comprend trois paroisses acadiennes, Margaree, anciennement Magré, Saint-Joseph-du-Moine et Chéticamp, qui s'échelonnent sur une quinzaine de *milles* *. Elles sont situées en bordure de la côte nord-ouest de l'île du Cap-Breton et adossées aux montagnes.

Cette région forme une enclave acadienne parmi les gens de langue anglaise qui habitent l'île. La population des trois paroisses est d'environ 6 000 habitants parlant encore le français, mais faisant de plus en plus usage de l'anglais, spécialement à Margaree où il y a une certaine proportion d'Écossais.

Pour ce qui est de l'origine des habitants de Chéticamp, le Père Anselme Chiasson a répondu à ces questions dans son histoire de Chéticamp[1]. D'après lui, il n'y avait que deux habitants à Chéticamp en 1782. En 1820, la population atteignait 784 âmes.

Selon l'histoire et la tradition, les premiers habitants seraient venus de l'île Saint-Jean, aujourd'hui l'île du Prince-Édouard, de même que d'Arichat, de Canseau, de Grand-Pré, de la Baie-de-Chaleurs et de la France.

---

* Les mots ou expressions en italique renvoient au glossaire à la fin du volume.

1. Père Anselme Chiasson, *Chéticamp. Histoire et traditions acadiennes*, Moncton, Édition des Aboiteaux, 1961, 317 pages.

Les premières années de la colonisation dans cette région furent marquées par des travaux très pénibles. Il a fallu tout d'abord défricher la terre et construire des abris assez loin de la côte. Notre propre grand-père, M. Jean S. LeFort, alors âgé de quatre-vingt-huit ans, nous a donné à ce sujet de précieux renseignements.

Selon lui, les premiers colons avaient dû «prendre le bois», c'est-à-dire aller s'établir bien loin de la côte dans la forêt afin d'échapper aux Anglais qui auraient pu voir la fumée de leurs cheminées, même à une distance considérable. Ils ont dû ensuite défricher assez de terre pour semer les quelques grains et légumes apportés avec eux lors de leur dernier déménagement. Un bon nombre de ces gens ont préféré rester sur leur ferme, devenant ainsi les cultivateurs les plus importants de la région.

Cependant la plus grande partie de nos ancêtres acadiens se sont adonnés aux travaux de la pêche, vie très incertaine en ces jours anciens quand les Anglais étaient encore menaçants et hostiles et qu'il fallait d'autre part se livrer à tous les imprévus de la mer et de la température.

Presque tous nos gens se sont occupés de la pêche ou de l'agriculture, et parfois même pratiquant ces deux métiers. Les jeunes commençaient très tôt à pratiquer ces durs labeurs. Dès l'âge de quatorze ans, ils devaient renoncer à s'instruire afin d'aider leur père ou leur mère, surtout pendant les grandes pêches et la moisson. Si la famille était grande, on pouvait se donner exceptionnellement le luxe de continuer son éducation jusqu'à l'âge de seize ans. Après le souper, pendant que les jeunes se préparaient pour les classes du lendemain, les plus vieux s'occupaient aux menus préparatifs pour l'une ou l'autre de ces deux grandes occupations.

On se couchait de bonne heure, « avec les poules », et on se levait au « petit jour ». La vie, toutefois, n'était pas si monotone qu'on serait porté à le croire. On chantait beaucoup, on se racontait des histoires, on jouait des tours aux voisins, on jouait au « petit loup », jeu de cartes très répandu.

On aimait surtout aller aux noces, occasions où le curé donnait la permission de danser. Il y avait toutes sortes de veillées, des *fouleries,* des *batteries,* des *bûcheries,* des *fileries* et bien d'autres réunions comme la Chandeleur où l'on dansait au gré de ses désirs. M. Arthur LeBlanc a étudié en détail cette dernière coutume dans une thèse soutenue à l'université Laval en 1954 [2].

La danse était aussi permise pendant les trois ou quatre jours qui précèdent le carême. Les célébrations commençaient le samedi-gras et tout se terminait à minuit le mardi suivant.

Pendant le carême, toutefois, la danse était strictement défendue. On ne pouvait pas même jouer aux cartes et souvent on devait mettre la pipe de côté. C'était une époque très austère où l'on chantait les cantiques de la messe, des chants à la Vierge et des complaintes acadiennes. Celles-ci devaient être « tristes assez pour le carême »

Les rigueurs du carême se relâchaient, cependant, pendant la journée de la mi-carême. En ce jour, il était permis de manger gâteaux,

---

2. Arthur LeBlanc, *La Chandeleur chez les Acadiens de l'île du Cap-Breton*, thèse de maîtrise, Québec, université Laval, 1954.

bonbons, et autres friandises. Après les classes, les jeunes pouvaient *courir la mi-carême* avec leurs camarades. Le soir, c'était au tour des plus vieux de *courir la mi-carême*. On préparait son costume et son masque souvent pendant des semaines d'avance.

Les gens croyaient aux revenants, fantômes, feux-follets, sorciers, lutins, etc. À l'égal des êtres fantastiques, on craignait les Écossais, car en ce temps-là, le Cap-Breton était habité en grande partie par ces derniers. Cette crainte provenait sans doute de l'assimilation des Écossais aux Anglais.

Même dans les années quarante, lorsque nous étions à l'école primaire, on tenait tout étranger pour suspect ; on avait un effroi sans pareil des commis-voyageurs de langue anglaise, et en fait de toutes personnes qui n'étaient pas de la région.

Chez nous aussi, l'agriculture engendra beaucoup de croyances et traditions. Il fallait planter les légumes, couper les poteaux et les lices de clôture lorsque la lune était croissante ou déclinante, selon le type de légume et l'usage éventuel qu'on ferait du bois. Il y avait aussi un temps avantageux pour tuer les animaux.

La pêche, par contre, semble beaucoup moins touchée par les traditions populaires, mais les termes nautiques sont entrés dans la langue populaire, comme il est naturel dans tous nos villages où elle constitue une partie si importante de la vie économique et domestique.

\* \* \*

La collection que nous présentons ici comprend douze contes populaires du Cap-Breton recueillis entre 1951 et 1957. Il est intéressant de

12

constater que notre collection appartient presque totalement au domaine du conte merveilleux. Elle se divise en deux groupes : des contes manuscrits et des contes enregistrés sur ruban magnétique. Les numéros I à IX de ce recueil sont relevés d'après les manuscrits de M. Jean Z. Déveaux et les numéros X à XII repris des enregistrements que j'ai faits auprès de M. Marcellin Haché. Ces fonds documentaires sont déposés aux archives de folklore du CELAT de l'université Laval.

Chacune des introductions précédant les contes donnera un résumé analytique de la version qui suit ; de même, certaines remarques apparaîtront quant à la structure et à la diffusion du conte en question. Ces derniers renseignements sont établis grâce à l'obligeance de M. Luc Lacourcière qui, comme l'on sait, a compilé sur fiches le catalogue complet des contes types de langue française en Amérique du Nord.

Le glossaire placé à la fin du volume permettra une meilleure compréhension des mots mis en italique. On s'est efforcé de conserver la forme acadienne de la phrase de même que les termes typiques.

Je tiens à remercier messieurs Jean Z. Déveaux et Marcellin Haché qui m'ont fourni leur répertoire familial. De même, je ne saurais manquer de souligner l'aide apportée par le professeur Luc Lacourcière lors de mes recherches. Messieurs Jean-Pierre Pichette et Jean-Claude Dupont du CELAT de la Faculté des lettres de l'université Laval ont bien voulu revoir le manuscrit et compléter le glossaire, et madame Andrée Babineau de ce centre de recherche a bien voulu dactylographier notre manuscrit.

Les dessins sont de Sylvain Chevalier. Les photographies de John Collier nous ont aimablement été fournies par le Centre acadien de l'université Sainte-Anne de Pointe-de-l'Église en Nouvelle-Écosse. Je suis reconnaissant au Musée national du Canada d'avoir bien voulu subventionner l'étape de la préparation du manuscrit en vue de sa publication.

À tous un cordial merci.

GÉRALD E. AUCOIN
Cap-Breton, Nouvelle-Écosse

# Contes
# de Jean Z. Déveaux

## Présentation du conteur

En 1952, nous avons fait la connaissance d'un étudiant qui nous dit qu'à Passchendale, petite communauté non loin de Sydney, habitait un vieux mineur du nom de Jean Z. Déveaux qui racontait de temps en temps des histoires à ses amis.

Lors d'une visite chez M. Déveaux, alors qu'il avait pris sa retraite, même s'il ne voulait pas se dire conteur professionnel, il nous promit de nous écrire quelques-uns de ses contes et de nous les faire parvenir. C'est de cette manière exceptionnelle que nous avons reçu de la propre main de M. Déveaux les neuf premiers contes de notre collection.

M. Déveaux naquit en 1883 à Chéticamp, soit comme il le dit, cent dix ans après la venue des quatorze premiers colons de la paroisse. Après avoir passé trois ans dans les chantiers de Sainte-Anne au Cap-Breton, et avoir travaillé deux autres années comme arrimeur à Halifax, il est devenu mineur dans les mines de charbon du Cap-Breton, emploi qu'il occupa pendant vingt-trois ans. Il prit sa retraite en 1947 et il décéda le premier mars 1956 à l'âge de soixante-treize ans. Sa mort survenait trois jours avant un rendez-vous où il devait nous donner l'enregistrement du conte Richard le cordonnier. Son fils n'a pu nous donner que quelques détails de ce conte déjà très connu dans le folklore canadien: c'est le conte type 330 dans lequel un forgeron déjoue le diable à trois reprises.

Ce qu'il y a de remarquable dans les contes de M. Déveaux, c'est qu'il ait pu les écrire en un style oral spontané; c'est-à-dire qu'il a conservé à ses récits le mouvement de débit parlé avec les dialogues et les répétitions d'épisodes qui font progresser lentement l'histoire. Il a pour ainsi dire noté les intonations d'un conteur illettré. C'est là un phénomène assez rare dont on ne connaît pas beaucoup d'exemples dans les collections de contes canadiens et acadiens. Les contes de M. Déveaux sont les suivants :

I.      LE MARIN ET LA BONNE FEMME
II.     RESTE-À-SAVOIR
III.    LA BOULE DE FER
IV.     L'HISTOIRE DE LA GRANGE
V.      LA BELLE MUSIQUE
VI.     LE CAPITAINE ET LA JEUNE FILLE
VII.    PAUVRE GARÇON, BONNE COMPAGNIE
VIII.   L'ÉTOILE D'OR
IX.     L'ENFANT ET LE FUSIL

## 1. Le marin et la bonne femme

Le conte type auquel appartient ce premier récit de M. Déveaux[1] est désigné au catalogue international d'Aarne-Thompson[2] par le numéro 304 *Le chasseur adroit*. Le catalogue Lacourcière en recense 22 versions en Amérique française[3]. Ce nombre double exactement les 11 versions données pour la France[4], mais partout en Europe leur nombre est plutôt réduit.

On retrouve bien dans ce récit l'arc qui montre que le héros est chasseur; pourtant son adresse à la chasse n'y est guère exprimée, ce qui n'empêche en rien l'action de progresser. Par contre, deux motifs de légende se sont ajoutés à l'introduction de cette version : les motifs A 68 Les noyés et A 614 Les revenants sous forme de gestes.

1. Communiqué en 1952 par Jean Z. Déveaux, âgé de 68 ans, du village Passchendale, comté de Cap-Breton, Nouvelle-Écosse. Conte type 304 II a (var.), b, c, III a (abrégé), b (mouchoirs), IV b, V
2. Antti Aarne et Stith Thompson, *The Types of the Folktale*, FFC no 184, Helsinki, 1961. L'analyse des contes est cependant établie selon l'édition de 1928.
3. Luc Lacourcière, *Le conte populaire français en Amérique du Nord*, fichier manuscrit, depuis 1956, en cours.
4. Paul Delarue, *Le conte populaire français I*, Paris, G.P. Maisonneuve et Larose, 1957.

# I. Le marin et la bonne femme

Il y avait une fois un homme qui faisait sa vie sur la mer. Il s'en venait chez eux des fois et d'autres... Il s'en vient un jour et il était tard dans l'automne, mais il avait encore un voyage à faire avant de s'en venir pour l'hiver. Lui puis sa femme aviont bien du chagrin, mais fallait qu'il fît ce voyage-là. Avant de partir, il dit à sa femme :

— Il y arrive toutes sortes de malchances dans le monde, sur la terre et sur la mer. Si quelque fois que je m'en reviens pas, je veux que tu a(i)lles me faire chanter une messe à Saint-Honoré.

— Oui, sa femme lui dit, je te le promets.

*Toujours*, le voilà parti et le temps s'écoulait. Les voilà rendus à l'hiver. L'homme était pas encore revenu. Bientôt elle commence à entendre du *train* sur la maison comme des chaînes qui tombiont sur la couverture. Ils étiont tous *épeurés*.

Ils aviont trois garçons : un (de) dix (ans), un onze et un autre de douze. *Toujours*, ils étiont pas *sans soins* d'entendre ce *train*-là. Après quelque temps, elle se résoudit de se faire une maison neuve pour pas entendre le *train. Toujours,* elle engage un charpentier pour lui faire une maison neuve.

Bien, voilà l'homme à l'ouvrage, à faire la maison, mais quand il prenait une planche ou quelque chose de pesant, il avait toujours quelqu'un à l'autre bout. La même affaire pour toutes les affaires pesantes. L'homme voyait rien. Il trouvait ça bien curieux, mais il dit rien et il travaille toujours.

Dans quelque temps la maison était finie et ils alliont *prendre* la maison neuve. Ils en furent pas mieux. Le même *train* était sur la maison neuve puis sur la vieille maison aussi.

— Bien, dit le plus vieux des garçons à sa mère, je pouvons pas rester comme ça. Faut que je faisions quelque chose.

Sa mère lui dit :

— Quoi (est-)ce que tu veux faire ?

— Bien, il dit, je vas aller voir le prêtre, et il pourra me dire quoi faire.

— Bien, dit sa mère, c'est une bonne idée.

*Toujours*, il va voir le prêtre puis il lui dit l'histoire *en égard* du *train* qu'ils entendiont sur la maison.

— Bien, la seule chose que tu peux faire, lui dit le prêtre, c'est d'aller te cacher dans la vieille maison, mais si t'entends quelque chose, fais-toi-s'en pas peur. Ça te fera pas mal. Quand tu verras que ça sera proche de toi, tu diras : « Tu es loin assez, Dieu est entre moi et toi »

Bien, voilà la nuit qui s'en vient et il va à la maison pour découvrir le mystère. Après quelque temps qu'il était là dans une chambre en haut, il entend quelque chose dans l'escalier qui monte en haut. Il était pas *sans soins*, mais il put pas *toffer* ça. Il se tire en bas par le *châssis* et il s'en retourne chez eux *épeuré* à mort. Mais ça les mettait pas plus en sûreté. Le plus vieux des garçons dit :

— Je vas y aller *de soir*. Faut que je découvre ça.

Mais il fut pas plus *smart* que le premier, car il fit pareil. Il se tirit par le *châssis* puis il manquit se tuer. Il s'en fut à la maison tout *épeuré*.

Mais ils étiont pas plus riches. Ils saviont pas quoi (est-)ce qui faisait ce *train*-là. Bien, ça vient au tour du plus jeune d'aller coucher à la vieille maison et il partit en leur disant :

— Ça va être la mort ou la vie, mais je me jette pas en bas par le *châssis*, je vous assure de ça.

Il y va et il va dans la chambre puis il reste là. Bientôt, il entend marcher dans l'escalier et il était pas *sans soins* mais il restit là et il laissit venir. Il *partit pour le châssis* mais celui-là qu'il entendait marcher arrivait à la porte. Le garçon se tire au ras la porte puis il dit :

— Tu es loin assez, Dieu est entre moi et toi.

— Tu as bien fait de parler le premier parce que je t'aurais tordu le cou.

Mais le garçon lui dit :

— Qui (est-)ce que tu es ? Je te vois pas.

— Non, je sais que tu me vois pas, mais moi je te vois bien. Je suis ton père. Je suis noyé et ta mère a oublié sa promesse. Elle m'avait promis que si je m'en revenais pas, qu'elle me ferait chanter une messe à Saint-Honoré, puis voilà quelque temps déjà que je suis noyé et elle a pas encore fait chanter cette messe-là.

— Bien, le petit garçon lui dit, allez en paix, mon père, je vas dire à maman cette histoire-là qu'elle a oubliée.

Puis là, ils se séparirent.

Le garçon s'en fut chez eux bien aise d'avoir été si brave puis il conte cette histoire-là à sa mère. Là, elle s'en souvient et (dès) le lendemain ils partirent tous les quatre pour Saint-Honoré. Je pense que c'était quelques *milles* de chez eux. *Toujours*, ils se mirent en route, mais le plus petit, il avait une *flèche* puis comme ils étiont sur un chemin qui avait du *bois* chaque bord, il allait dans le *bois* avec sa *flèche* pour essayer à tuer des oiseaux ou des *écureaux*.

Il allait toujours de derrière et quand il sortit au chemin, sa mère et ses deux frères étiont déjà bien loin et fallut qu'il courit de toutes ses forces pour les rattraper. Une fois rendu à eux, il *prenait* encore *pour* le *bois* ; mais à la fin, il restit dans le *bois* si longtemps que quand il sortit, il voyait plus sa mère. La nuit approchait.

« Oh ! il se dit en lui-même, je vas pas courir davantage pour les rattraper. Quand ils s'en reviendront je m'en irai avec eux. »

Mais quand la nuit fut faite, il avait peur des bêtes féroces. Il montit dans un gros *pruche* qui avait des branches fameuses, puis là il s'arrangit de son mieux pour dormir et pas tomber en bas.

Vers le jour, il entend parler. Il pense que c'est sa mère et ses deux frères qui s'en reveniont, mais il fut bien trompé parce que c'était trois géants. Il y en avait un qui portait un gros fagot de bois, un autre une grande chaudière de patates, puis l'autre portait une carcasse de boeuf et ils alliont droit au pied de l'arbre où (est-)ce que le petit garçon y avait fait sa couchette. Il fit pas grand *train* parce qu'il voulait pas qu'ils le vurent dans l'arbre.

*Toujours,* les géants allumirent un feu puis ils mirent la viande puis les patates à cuire. Après que ça fut cuit ils mangirent tout sans en laisser. Là, ils commencirent à se conter des histoires mais tout à coup la gorge d'un des géants commence à lui (dé)*manger*. Il se lève la tête pour se gratter la gorge et il aperçoit le garçon dans l'arbre. Il dit :

— Viens ici, mon petit fou. L'eau est encore chaude, j'aurons un beau dessert.

« ... c'est un lièvre qui a toutes les clefs *amarrées* au cou avec un ruban. »

Le petit se laisse tomber dans les bras du géant. Le géant allait justement pour le jeter dans le pot, mais son frère lui dit :

— Fais pas mal à ce petit garçon-là. Il va nous rendre un grand service. Tu sais le grand château dans le bas-fond ici ? Bien je pouvons pas y rentrer. Toutes les portes sont barrées. Je savons pas où (est-)ce que les clefs sont. La porte est trop petite aussi. Le petit, lui, il pourrait rentrer dans cette petite porte-là.

— Oui, mais ça, ça nous donne pas les clefs.

— Ça nous les donnera, arrête un peu.

— Mon petit garçon, je vas te dire comment (est-)ce que tu peux avoir les clefs du château. Il y a une petite porte dans le faîte, mais je pouvons pas y rentrer et je veux que tu y rentres pour moi. Je vas te donner mon sabre et j'allons nous mettre debout un sur l'autre et ça te fera une échelle. Tu pourras monter sur nous autres et rentrer dans cette petite porte-là, mais fais pas de *train* parce que c'est un lièvre qui a toutes les clefs *amarrées* au cou avec un ruban. Va tout doucement parce qu'il dort peut-être bien, et avec le sabre tu peux lui couper le cou et me donner les clefs.

— Bien oui, avec plaisir.

Vous pouvez croire qu'il était pas *sans soins* ce petit garçon-là. Mais il était trop *smart* pour les géants. Quand il fut rentré dans le trou, il tuit le lièvre et mit les clefs dans sa poche puis là il commencit à rire et à courir. Il dit aux géants :

— Je peux pas l'attraper, il est trop *smart*.

— Bien, dit un des géants, rouvre un panneau. Là, je pourrons rentrer pour te donner un repos. Entre nous deux, je crois que je pourrons l'attraper.

27

— C'est bien, dit le garçon, il y a un gros cordage *amarré* dans une *crampe* ici. Je vas vous l'envoyer et vous pourrez monter dessus.

— Oui, c'est bien, envoye-le tout de suite.

Il envoye le cordage et le géant monte sur le cordage. Il le laisse monter (de) toute sa longueur et, une fois en dedans, il coupe le cou du géant avec le sabre. Il se mit encore à courir et à parler comme le géant, et il faisait toutes sortes de folies. L'autre géant pensit qu'ils pouviont pas attraper le lièvre. Il dit :

— Envoye-moi le cordage. Je vas aller vous aider.

— C'est bien, tiens, voilà le cordage.

Il monte sur le cordage et le garçon le laisse rentrer et, une fois en dedans, il lui coupe le cou. Et c'est là qu'il faisait du *train* pour faire monter l'autre et il fut pas surpris que le troisième voulait monter aussi.

— Oui, sûr, tiens, voilà le cordage.

Et le géant monte main sur main sur le cordage. Quand il fut la tête en ligne du trou, le garçon prit le sabre et il coupit la tête du troisième géant.

Là, il se mit en train de rouvrir toutes les portes. Bientôt, il vient dans une *hall*. Il y avait des chambres à chaque bord. Il rouvre toutes les portes. Bientôt il arrive à une chambre. C'était écrit sur la porte : « Rentre(z) ici et vous (verrez) jolie ».

Il débarre la porte et il rentre dans la chambre. Il y avait un beau grand lit et une belle fille couchée dedans. Elle avait un mouchoir sur la face et son nom était écrit dessus. Il prit le mouchoir et il le mit dans sa poche et il sort, mais il laisse la porte ouverte.

Là, il sort dehors et il va au chemin pour voir s'il verrait pas venir sa mère avec ses deux frères. Il fut chanceux qu'il les voyait venir et il les *espérit.* Et pendant qu'il fut parti, les trois filles se levirent. (Elles) étiont délivrées. Avant ça, (elles) étiont enchantées. *Toujours,* (elles) prirent un drap de lit et (elles) écrivirent dessus : « Ici on donne à boire et à manger pour des histoires. »

Bientôt voilà sa mère et ses˙ deux frères qui arrivirent à lui. Ils étiont hors d'haleine et avec une fringale de faim.

— Bien, dit sa mère, où (est-)ce que tu as été tout ce temps-là ? Ici dans le *bois* ? As-tu pas faim, parce que nous autres je sons quasiment morts de faim ?

— Non, j'ai tué des petits oiseaux et je les ai mangés. Tantôt j'ai monté dans un arbre puis je voyais une grande maison dans la vallée. Allons-y voir ; il y a peut-être bien du monde là qui pourront nous donner à manger.

— Oui, oui, bien sûr, j'allons y aller.

Et comme il connaissait bien la route il les amenit au château. Quand ils furent pas mal proches, ils vurent l'enseigne sur le château : « Ici on donne à manger et à boire pour des histoires. »

— Le petit se dit en lui-même : les filles s'avont levées.

— Bien, dit la mère, je sons bien, j'allons manger pour bien des jours, parce que j'avons des histoires à conter.

Et ils rentrirent.

En rentrant, ça qui leur fit face, ça fut une table remplie de toutes sortes de bonnes choses à manger. Ils se mirent à table et ils mangirent un peu parce qu'ils aviont trop faim pour parler.

Bien, après un *espelle,* une des filles dit :

— Avez-vous des histoires à nous conter ?

— Oui, oui, dit la vieille.

Et elle leur contit l'histoire *en égard* de son homme.

Le plus vieux des garçons contit son histoire quand il avait été coucher dans la vieille maison et qu'il s'avait jeté par le *châssis*, qu'il avait manqué se tuer. Ça les faisait rire. Et l'autre frère leur contit quasiment la même histoire, mais quand ça vient au plus jeune à conter son histoire, il contit son histoire comme si ça avait été dans une autre place qu'il avait débarré les portes. Il dit qu'il y avait une belle fille de couchée dans un beau lit et qu'elle avait un mouchoir sur la face.

— J'ai pris le mouchoir et je l'ai mis dans ma poche. Je crois que je l'ai encore.

Il mit sa main dans sa poche et il *aoueindit* un mouchoir. Une des filles *jompa* debout et elle attrapa le mouchoir en disant que c'était à elle.

Il fit la même chose deux fois encore, et chaque fois une des jeunes filles *jompa* debout et attrape le mouchoir en disant que c'est à elle.

Mais sa mère lui dit :

— Comment ça se fait que tu as tout fait cet ouvrage-là ? Tu nous as dit que tu avais resté dans le *bois*.

Il répondit :

— Bien, cette maison-ici est faite en bois et j'ai resté dedans.

— Oui, dit une des jeunes filles, il est encore dedans et pour y rester, parce que cette maison-ici est à lui avec tout ça qu'il y a dedans, même nous autres les filles.

Il dit à ses frères :

— Bien, allez-vous rester ici ou bien vous en allez-vous ?

Ils se décidirent de rester dans la maison.

Après quelque temps, les trois jeunes se mariirent puis ça allait comme sur des roulettes. La vieille avait pas de roulettes. Elle fut obligée de se *gréer* d'une *traîne*.

Les dernières nouvelles que j'en ai sues, sa *traîne* était toute en pièces.

## II. Reste-à-Savoir

Voici une belle version d'un conte très répandu en Europe et en Asie et qui est, au dire de Paul Delarue, « le plus long du répertoire indo-européen, un des mieux composés, des plus aimés ; et dans aucun autre on ne retrouve assemblés tant d'éléments venus du fond des âges[1] ». C'est également un des plus populaires du Canada puisque 97 versions de la Jarretière verte ou le type 313 (La fille du diable) ont été recueillies au Canada. Il jouissait déjà d'une grande popularité en France car on en a conservé 88 versions.

La version de M. Déveaux[2] est très complète étant donné qu'elle contient chacun des six épisodes qui caractérisent ce type.

---

1. *Le conte populaire français I*, p. 234.
2. Communiquée en 1952 par Jean Z. Déveaux, âgé de 68 ans, du village Passchendale, comté de Cap-Breton, Nouvelle-Écosse. Conte type 313 I a, b, c, II b, c, III a, b, c, d, IV, V g, VI.

# II. Reste-à-Savoir

Il y avait une fois un jeune garçon. Il avait pas grand-chose à faire et il allait ici et là jouer aux cartes et comme il était bien chanceux, il faisait sa vie à jouer au *bluff*.

Un jour, il était tout seul et il avait envie de jouer aux cartes. Il se dit en lui-même : je voudrais que le diable arriverait pour jouer avec moi.

Tout d'un coup, un homme qui arrive !

— Oh ! bonjour.

— Je suis bien aise d'avoir une compagnie. J'allons jouer aux cartes.

Et ils se mirent à *jouer pour* de l'argent et il (le jeune garçon) *halit* une couple de mille piastres.

Bien, ils devenirent fatigués et ils abandonnent. L'homme prend son chapeau et il lui souhaite le bonsoir et il dit :

— Je veux que tu viennes me voir au bout d'un an et un jour, et si tu viens pas, je viendrai. Mais laisse-moi pas venir !

Il lui demande où (est-)ce qu'il reste et il dit :

— Au Reste-à-Savoir.

Et il partit.

Le temps se passe et il l'a mis en oubli, mais bientôt ça lui vient dans l'idée *en égard* de sa promesse et il avait pas grand temps à perdre car il savait pas où (est-)ce qu'il trouverait l'endroit où (est-)ce que cet homme restait. Tout ça qu'il savait, c'était : au Reste-à-Savoir.

— Mais où (est-)ce que cette place-là se trouve ?

*Toujours,* il part au petit jour le lendemain et il marche toute la journée. Vers le soir, il voit une clarté. Il va là et il *tape à la porte.*

— Bonsoir, rentrez.

Il rentre et il lui demande son nom et où (est-)ce qu'il part pour aller.

— Bien, je sais pas. Peut-être bien que vous savez. Je vas au Reste-à-Savoir. Pouvez-vous me dire où (est-)ce que cette place-là se trouve ?

— Non, je peux rien t'en dire, mais j'ai un frère qui reste à quelques *milles* d'ici et il pourra peut-être bien te le dire. Mais tu vas pas plus loin *de soir.* Tu vas souper et te coucher pour encore faire une grande marche demain.

Bien, la nuit fut bientôt passée et le matin il déjeune et il part. Il marche toute la journée et vers le soir, une clarté. Il était bien aise pour se reposer. Il va là, *tape à la porte.* Un homme qui vient lui rouvrir la porte.

— Bonsoir, rentrez. Qui (est-)ce que tu es ?

Il (le) lui dit et il lui demande où (est-)ce qu'il part pour aller.

— Bien, je sais pas. Tout ça que je sais, c'est : au Reste-à-Savoir. Pouvez-vous me dire où (est-)ce que cette place-là se trouve ?

— Non, je peux rien t'en dire, mais j'ai un frère qui reste (à) quelques *milles* d'ici et il garde toutes les sortes d'oiseaux du monde et il comprend tous leurs langages. S'il peut pas te le dire, je pense que tu le sauras jamais.

*Toujours,* il soupe et il se couche car il *était* bien *à bout.* Il trouvit pas la nuit longue parce qu'il avait encore une grande marche devant lui.

Voilà le jour. Il déjeune et il se met en route. Marche et marche toute la journée. Le soir, il voit encore une clarté et il *tape à la porte.* Encore un homme qui rouvre la porte.

— Bonsoir, rentrez.

Il rentre et il *s'assisit* comme il était bien fatigué et l'homme lui demande son nom et le sujet de cette longue marche-là.

— Bien, je pars pour aller au Reste-à-Savoir. Pouvez-vous me dire où (est-)ce que ça se trouve ?

— Non, je peux rien t'en dire mais je garde toutes les sortes d'oiseaux et je vas tous les appeler, un à un et je vas leur demander s'ils savent où (est-)ce qu'est cette place-là.

Et il les appelle tous, mais pas un savait où (est-)ce que cette place-là se trouvait.

— Mais j'en ai plus rien qu'un à appeler qui est le canari. S'il le sait pas, je peux pas t'en faire plus.

Bien, voilà le petit canari. Il *était à bout. Toujours,* il lui demande cette question-là et il lui dit :

— Oui, je sais où (est-)ce que ça se trouve cette place-là, mais c'est bien difficile à y aller. Il y a une grande rivière à traverser et il y a pas de canot, pas rien.

— Mais, l'homme lui dit, cet homme-ici voudrait y aller.

— Bien, je vas vous le dire comment (est-)ce qu'il peut traverser la rivière. Il va partir bientôt et il a encore deux ou trois *milles* à faire et il arrive à la rivière. Il faut qu'il se cache dans le *bois* et bientôt il verra venir trois canards qui traversent la rivière. Une fois l'autre bord, c'est trois filles et ils laissent leur *butin,* et ils allont dans la rivière. Quand ils sont dans l'eau, qu'il sorte de sa cachette et qu'il a(i)lle où (est-)ce qu'est leur *butin* et qu'il en prenne un morceau ; n'importe quoi, une jarretière serait assez, et quand ils viendront pour prendre leur *butin* pour s'en

37

retourner, il lui faudra sa jarretière. Elle pourra pas s'en aller sans ça. Mais, qu'il (la) lui donne pas avant qu'elle lui promette de le traverser. Vous allez lui conter ça.

— Oui, c'est bien, merci, il dit au canari.

Et il lui donne à manger et il conte l'histoire au garçon. Il était plus que bien aise qu'il avait trouvé l'endroit. Il part.

Bientôt la rivière et les canards, trois jolis canards qui viennent au même bord où (est-)ce qu'il est caché. Ils laissent leur *butin*. C'est trois filles. Une fois les filles dans l'eau, il sort de sa cachette et il va à leur *butin* et il prend une jarretière qui est aisée à cacher dans ses poches. Il va encore se cacher.

Bientôt, les voilà encore. Ils s'habillirent au plus vite pour s'en retourner mais il en a une qui manque sa jarretière et elle cherche partout.

Bientôt lui, il sort et il va à elle et il lui montre la jarretière.

— Bien, donne-moi ça.

— Non, je te la donne pas avant que tu me traverses la rivière.

— Mais je peux pas te traverser la rivière.

— Oui, tu peux me traverser et tu auras pas ta jarretière avant que tu me traverses la rivière.

— Bien, viens.

Elle *se met en* canard et elle lui dit de monter sur son dos.

— Ferme-toi les yeux et dis pas le mot.

Et dans une minute il était l'autre bord et il fut à la maison et comme il arrivait à la porte, l'homme rouvrait la porte pour aller le trouver.

— Bien, c'est toi. Je partais justement pour aller te trouver.

C'était l'homme qui avait joué aux cartes avec lui et il (le jeune gar-

« ... trois jolis canards qui viennent au même bord où (est-)ce qu'il est caché. ... C'est trois filles. »

çon) avait tout *halé* tout son argent et je pense qu'il voulait lui donner des pénitences à faire.

Mais *toujours,* il le fit rentrer et il lui dit :

— Tu vas te reposer parce que demain tu as une *grosse ouvrage* à faire. Bien, j'allons attendre à demain.

Le lendemain fut bientôt venu. Il déjeune et après, l'homme fut à lui avec une grosse fourche et il lui dit :

— Tiens, voilà une fourche et va en bas de la maison. Tu verras une grange de dix *pieds carrés* et elle est pleine de fumier de cheval. Ma femme a perdu son jonc dedans et je veux que tu *voûtes* tout le fumier et que tu trouves le jonc.

Mais, avec une fourche à quatre fourchons c'était pas aisé à faire. Ça allait pas bien vite. Il travaille pas bien longtemps et il se *déconforte* et il *s'assisit* sur l'herbe bien attristé.

Bientôt une belle fille qui vient à lui. Elle lui dit :

— Te voilà tout triste. Quoi (est-)ce qu'il t'a donné (à faire) ?

Il lui dit :

— Ton père m'a donné une fourche et il veut que je *voûte* tout le fumier de dedans ; que sa femme a perdu son jonc dedans. Mais je vois que c'est impossible, *voûter* du fumier de cheval avec une fourche et trouver un jonc. Je peux pas le faire.

— Bien, *déconforte*-toi pas. Je vas le faire pour toi.

Elle rouvre les portes et le fumier ça sortait comme le vent. Après un *espelle,* elle lui dit :

— Mets ta main en l'air.

Il haussit sa main et le jonc lui tombit dans le doigt. Il était bien aise et elle lui parlit quelques paroles et elle s'en retourne à la maison.

Mais lui, il s'en vient rien que vers la nuit et il faisait semblant qu'il était bien à bout.

*Toujours,* il lui donne le jonc et il dit :

— Tu es pas mal *smart.*

— Bien, pas trop.

Mais il savait pas que c'était une des filles qui avait fait l'ouvrage.

*Toujours,* il soupe et il va se coucher car il savait qu'il avait encore quelque chose à lui donner à faire qui était pas trop aisé. C'était plus dur qu'à jouer aux cartes.

Mais la nuit est bientôt passée et le jour arrive. Il se lève et il déjeune.

À peine il avait-il fini son déjeuner que le monsieur vient à lui avec une hache de cristal et il lui montre une grosse *montain* qui se trouvait en haut de la maison et il lui dit :

— Je veux que tu me faises (fasses) un chemin qui traverse la *montain* et bien *planche.*

Il dit pas rien. Il prend sa hache et il part.

En arrivant à la *montain,* il y avait un gros érable droit où (est-)ce que le chemin allait se faire. Il prit la hache et il la plante dans cet érable-là. Mais elle fut toute en morceaux. Bien, il voyait qu'il pouvait rien faire. Il *s'assisit* en attendant le soir et encore il était bien triste.

Bientôt voilà la fille. Elle dit :

— Bien, quoi (est-)ce qu'est le sujet de ta tristesse aujourd'hui ?

— Bien, ton père m'a envoyé ici avec une hache de cristal et il veut que je faise (fasse) un chemin en travers de la *montain* et regarde ma hache : toute en morceaux. Tu peux bien croire que j'en viendrai jamais à bout.

— Oui, je crois bien ça, mais *déconforte*-toi pas car je vas faire le chemin pour toi.

Et voilà les roches et les arbres qui tombiont sur tous les bords. Bientôt elle avait un beau chemin, et qu'il était donc content.

Mais il s'en vient à la nuit bien à bout avec sa hache. La fille avait mis la hache ensemble. Elle était pareille comme il (le père) (la) lui avait donnée, et le chemin était très beau. Mais il savait pas quoi (est-)ce qu'il allait faire demain.

*Toujours*, il soupe et après souper il monte dans sa chambre, et il fut se coucher, et le lendemain cet homme fut à lui avec un panier et il lui dit :

— Je veux que tu a(i)lles me chercher un tel poisson dans la rivière.

Et il va à la rivière avec son panier, mais quoi (est-)ce qu'il pouvait faire ? Il *s'assit* et il regarde la rivière couler. Bientôt voilà la fille. Elle dit :

— Bien, quoi (est-)ce qu'il t'a donné à faire *à matin* ? Je vois que tu as un panier.

— Oui, il veut que j'a(i)lle lui chercher un tel poisson dans la rivière et comment (est-)ce que je pourrais faire ça ?

— Bien, elle lui dit, pour toi c'est impossible, mais pour moi, c'est tout *aisé*.

Elle parle à la rivière et elle vient sec (sèche) et elle lui montrit le poisson qu'il voulait et elle lui dit :

— Va le chercher.

Il fut le chercher et il le mit dans son panier et le soir il donne le panier et le poisson à l'homme.

43

— Bien, il lui dit, t'es bien *smart*, mon garçon. Tu vas choisir dans une de mes trois filles demain.

Mais lui, il savait d'avance. La fille lui avait dit qu'il allait plus rien lui donner à faire, que le poisson était sa dernière *job*, qu'il avait gagné une des trois filles.

— Mais je veux que ça soye moi que tu gagnes. Demain, il va nous mettre toutes les trois dans une chambre et il va nous *mettre en* canards, et toi il te fera regarder par le trou de la clef. Il faut que tu lui dises lequel des trois que tu as trouvé le plus beau ; et pour pas me manquer, la première fois que j'allons passer, je serai la plus derrière toute en blanc ; et la deuxième fois que je passerons je serai dans le *mitan* toute en noir ; et la troisième fois que je passerons, je serai toute en rouge, la plus devant. À cette heure, oublie pas.

*Toujours*, le lendemain ça fut le bout. Il amène le garçon à une chambre et il lui dit :

— Je vas faire passer trois canards dans la chambre et tu vas regarder par le trou de la clef et tu me diras lequel tu as trouvé le plus beau.

— C'est bien, faites-les passer.

Ils passont et il regarde. Une fois qu'ils sont passés, il lui demande lequel qu'il avait trouvé le plus beau.

— Bien, il dit, le blanc, le derrière, c'est lui qui avait la meilleure mine.

Ça le plaisait pas, car il voulait pas s'en défaire de celle-là car elle était beaucoup plus *capable*.

— Mais, il lui dit, je vas encore les faire passer et tu me diras lequel tu as trouvé le plus beau.

— Oui, faites-les passer.

Et ils passont pendant qu'il regarde et une fois passés il lui demande lequel qu'il avait trouvé le plus beau.

— Bien, c'est le noir dans le *mitan*. C'est un joli canard.

Bien, ça le faisait *jongler,* mais il avait encore un *espoir* et il lui dit :

— Je vas encore les faire passer et tu vas regarder et tu me diras lequel que tu as trouvé le plus beau.

— C'est bien, faites-les passer.

Et ils passont et il regarde et quand ils furent passés, il lui demande :

— Bien, qui (est-)ce qui était le plus beau ?

Cette fois-ici, il lui dit :

— Le rouge, le plus devant. Il était joli. Il avait bonne mine.

— Bien, tu l'as gagnée ma belle fille, à la fin.

Mais après quelque temps il les *mettit en* filles et elles furent à leurs ouvrages d'ordinaire.

*Toujours,* le garçon soupit puis après ça il monte dans sa chambre et la fille monte derrière lui. Il se trouve surpris mais elle lui dit :

— (Sois) pas étonné que je viens ici. Je viens te dire mon secret et j'espère que tu vas être avec moi.

— Bien, je verrai.

Et elle lui dit :

— J'allons partir de beau matin demain. Ici je sons sur la terre du diable et il faut que je faisions la terre sainte. Mais j'avons un long bout de chemin à faire, j'allons partir aussitôt que je pourrons. Je vas *me mettre en* cheval et tu pourras monter sur mon dos et épargne pas le fouet. Tape, car il faut que je faisions du chemin avant que mon père s'en aperçoive que je sons partie.

Elle mettit trois oeufs sous son oreiller de lit qui parliont et elle donnit un peigne et une étrille au garçon et elle lui dit :

— Après quelque temps que je serons partis, tu vas voir venir une *grosse nuage* noire. Ça sera mon père. Laisse-le venir un peu proche et tire ton peigne. Il viendra une bordée de peignes que tu en verras pas le bout ni la hauteur et il sera obligé de faire tout le tour et nous autres, pendant qu'il fera le tour, j'aurons le temps de faire un beau bout de chemin. Mais après quelque temps, tu verras encore *la nuage*. Laisse-le encore venir proche et tire ton *écarde* et ça fera encore une *montain d'écardes* et il faudra qu'il en (fasse) le tour et je pousserons tout droit. J'aurons le temps de faire un long bout de chemin. Mais après un *espelle,* tu verras encore *la nuage*. Tu me diras quand elle sera proche.

Et bientôt elle vient proche. Il lui dit :

— Elle nous arrive sur le dos.

Elle *se mettit en* église et lui il était le prêtre à l'autel. Elle lui dit :

— Il va rentrer dans l'église pour savoir si le prêtre a pas vu passer un homme à cheval. Mais ne dis rien que «*Domine Vobiscum* », et il viendra *déconforté* et il s'en ira chez nous et pendant qu'il fera ce chemin je pousserons toujours.

Et il arrive chez eux. Sa femme lui demande s'il les a pas vus.

— Non, tout ce que j'ai vu, c'est une église et un prêtre à l'autel. Je lui ai demandé s'il avait pas vu un homme à cheval passer ici et tout ce qu'il a dit c'est «*Domine Vobiscum* ».

— Bien, mon grand fou, c'était eux. Elle était l'église et lui le prêtre. Si tu avais parti hier à soir quand je t'ai dit qu'ils étiont partis, tu les aurais attrapés.

— Mais ils étiont pas partis. Je lui ai demandé trois fois si elle était là et elle m'a répondu les trois fois : «Quoi (est-)ce que vous voulez, mon père ? »

— Bien, dit la femme, je crois pas que c'était elle qui parlait. Je vas aller voir dans son lit.

Et elle regarde sous son oreiller. Elle trouve trois oeufs.

— Tiens, vois-tu ? Voilà les trois réponses que tu as eues hier à soir. Il y avait déjà bien longtemps qu'ils étiont partis quand tu as eu la première réponse.

— Bien, faut-il dire qu'ils allont m'échapper ? Je vas retourner après.

Il prit des bottes qui faisiont sept *lieues* au pas et il part.

Bientôt la fille dit au garçon :

— Il *vient* encore *après* nous autres. Quand tu verras *la nuage,* dis-moi-le.

— Bien, *la* voilà bien proche.

Elle *se mit en* lac et lui en canard.

Mais il se tient loin de lui. Mais après un *espelle,* il se *déconforte* et il s'en retourne et sa femme lui demande s'il a pas rien vu.

— Oui, j'ai vu un étang et un canard dedans. C'est tout ce que j'ai vu.

— Bien, mon grand fou, c'était eux. Elle était le lac et lui le canard.

— Bien, je me *déconforte* pas. Je retourne.

Et il part encore. Et la fille dit au garçon :

— Il vient encore mais je pouvons plus nous cacher. Il faut que je faisions la terre sainte.

Et à ça, ils *mirent toute dehors ;* lui avec son fouet et elle au galop et comme elle mettit les pattes de derrière sur la terre sainte, il arrivait, mais il pouvait pas aller plus loin.

Il *s'élonge* et tout ce qu'il peut attraper, c'est trois ou quatre brins de paille sur la queue du cheval et il s'en retourne bien triste. Il avait perdu sa belle fille et le garçon aussi.

Mais le garçon et la fille une fois sur la terre sainte, elle *se mit en* fille et elle lui dit :

— Va-t'en chez vous tout seul. Je peux pas aller avec toi parce que j'ai encore quelque chose à faire avant que j'a(i)lle chez vous. Mais, elle lui dit, laisse-toi pas embrasser par personne parce que tu penseras plus à moi en tout.

Mais quand il arrive chez eux, il avait un petit chien qui était si bien aise de le voir, il *jompe* sur ses genoux et il lui passe la langue sur la face. Il perdit la mémoire de la fille tout à fait.

Le temps se passe et sa soeur, elle, allait chercher de l'eau dans un puits qui était tout proche de la maison et elle était au puits des *espelles* abominables. Sa mère lui dit :

— Quoi (est-)ce que tu fais au puits si longtemps ?

— Bien, elle lui dit, je suis assez belle. Je vois mon ombrage dans le puits et que je suis donc belle, et c'est curieux que je suis si belle là et si laide ici.

— Bien, sa mère lui dit, il faut que j'y a(i)lle voir cette belle face-là.

Et elle va au puits et elle voyait cette belle face-là et elle appelle le garçon.

— Viens voir la belle face que je voyons dans le puits.

Et il va voir et il dit :

— Il y a quelqu'un là.

Il prend un cordage et il fait une demi-clef dedans, et il le *largue* dans le puits et le passe dans le cou de cette face-là et il *aoueind* la fille qu'il avait échappée avec, de sur la terre du diable et qu'elle était donc bien aise. Il fallait ça pour la délivrer du sorcier et ils se mariirent et ils vivirent heureux jusqu'à la mort.

### III.  La boule de fer

*Le type 317 du catalogue Delarue* Le petit berger et les trois géants *qui ne figure pas au catalogue Aarne-Thompson constitue la première partie de ce conte. On en a répertorié 28 versions au Canada en regard de 11 versions pour la France où, comme dans ce récit, il sert d'introduction au type 300 :* La bête à sept têtes. *Ce dernier compte 33 versions en France et plus d'une centaine au Canada. C'est dans l'oeuvre de Straparole,* Les facétieuses nuits, *publiée en 1553 qu'on retrouve la plus ancienne version connue de* La bête à sept têtes.

*La version de M. Déveaux*[1] *ne contient pas l'épisode des sept langues coupées ni celui de l'imposteur qui veut épouser la princesse. Ils sont remplacés ici par la victoire en trois jours par un cavalier qui apparaît chaque fois avec une monture différente et que la princesse reconnaît lors du défilé de tous les hommes du royaume.*

---

1. Communiquée en 1952 par Jean Z. Déveaux, âgé de 68 ans, du village de Passchendale, comté de Cap-Breton, Nouvelle-Écosse. Conte type 317 (Delarue) 1A, A1, A2, A3, B1, C1, C3, D1, D3, D7, D8, II A, A1, A2, A3, A6, B, B2, B3, B4, C1, C9, C12, III B2; suivi du type 300 Ia, d, II a, b, III b, IV a, b, d, f, g, VII e.

# III. La boule de fer

Il y avait une fois un homme et une femme. Ils aviont un garçon, c'était tout. Et il grandissait tout le temps et ils étiont pauvres. L'ouvrage était rare et encore bien plus l'argent. Et quand le garçon vient à l'âge de douze à treize ans, il pouvait pas rester plus longtemps chez eux parce qu'il voyait qu'ils aviont de la misère assez à *garder après* eux sans *garder après* lui.

Un jour, il dit à son père :

— Il faut que j'a(i)lle de quelque bord me chercher de l'ouvrage.

— Bien, lui dit son père, je peux pas t'arrêter parce que je peux rien te donner.

Et le lendemain, il part à la garde de Dieu. Il marche toute la journée. Vers la nuit, il arrive à un petit village. Il va à une maison. Il *tape à la porte.* Ils lui disent de rentrer. Il se trouve surpris de voir un petit garçon étranger. Ils lui demandirent d'où (est-)ce qu'il venait et, quand il leur dit qu'il venait de si loin, ils lui donnirent à manger tout de suite car ils saviont qu'il devrait avoir faim.

Toujours, il mange et, un *espelle* après, l'homme lui demande :

— Quoi (est-)ce qui est le sujet de cette grande marche-là ?

— Bien, il dit, je cherche de l'ouvrage.

— Bien, dit l'homme, que je suis donc chanceux. Voilà trois semaines que je cherche un jeune garçon pour travailler avec moi dans la forge. Je suis un forgeron.

— Bien, oui monsieur, je vas faire mon possible pour vous plaire.

— Très bien, mon garçon, et je vas te dire comment (est-)ce que je vas arranger tes gages. Je vas te nourrir et acheter ton *butin* et je veux que tu me signes que tu vas rester avec moi pour un an et au bout de l'année, je te donnerai trois cents piastres et tu pourras aller où (est-)ce que tu voudras.

Bien, au bout d'un an, il lui donne trois cents piastres et il lui dit :

— Tu peux aller où (est-)ce que tu voudras ou bien rester avec moi.

— Bien, il lui dit, de vos trois cents piastres, j'en veux pas en tout. Je veux que vous faisiez (fassiez) une boule de fer là, que je pourrai *garrocher* à l'aise.

— Bien, je vas essayer à t'en faire une là, que tu pourras bien t'en servir.

Et il se mit à faire la boule de fer tout de suite. Mais après la boule faite, elle était trop légère. Il la trouvait pas de son goût.

— Mais ça fait rien. Je vas rester avec vous une autre année et peut-être bien que l'année qui vient, que vous pourrez m'en faire une à mon goût.

Oh ! le vieux était trop bien aise qu'il allait rester avec lui une autre année, et comme le temps passait vite, les voilà rendus au bout de l'année et il voulait pas d'argent. Tout ce qu'il voulait, c'était une boule de fer. Et il se mit encore à l'ouvrage pour lui faire une boule de fer. Mais une fois la boule faite, elle était pas de son goût.

— Bien, je regrette bien ça, que je peux pas te satisfaire avec la boule.

— Bien, dit le garçon, n'en prenez pas de chagrin car je vas encore rester avec vous pour une autre année.

— Bien, je suis plus que bien aise et tu auras une chance à apprendre ton métier de forgeron.

Et le temps passe encore vite. Les voilà rendus au bout de l'année et encore il voulait pas d'argent. Tout ce qu'il voulait, c'était la boule de fer.

Bien, il prit deux autres hommes avec lui pour lui faire une boule à son goût et, après la boule faite, il la prend et la *vire* bord sur bord et il la *garroche*. Mais il la trouve un peu trop pesante.

— Mais pour tout ça elle est bien, car je grandis encore et je prends un peu plus de force.

Et le lendemain, il prend sa petite valise, mais il prit pas l'argent qui était à neuf cents piastres. Tout ce qu'il prit, ça fut la boule de fer et il souhaite chance au bonhomme et à la femme et il part encore à la garde de Dieu. Et encore après avoir marché toute la journée, le soir il arrive dans un village. Il va *taper à la porte* de la plus grosse maison. Ils le firent rentrer et lui donnirent à souper et ils lui demandirent son nom et quoi (est-)ce qu'il cherchait.

— Bien, je cherche de l'ouvrage.

— Oui, bien tu es bien chanceux, parce que je *cherchais* un jeune garçon *pour* un servant. Va te coucher parce que tu es fatigué d'avoir marché toute la journée.

— C'est bien, dit le garçon, je vas me coucher.

— Bonsoir ; et demain je te dirai quoi (est-)ce qui va être ton ouvrage.

Bien, il se lève de bon matin et l'homme lui dit :

— Tout ça que tu as à faire, c'est d'aller mener les vaches au parc et les ramener le soir. Mais écoute bien ce que je vas te dire. Tu es le quatrième servant que j'engage et ils avont tous perdu la vie. *Je sais pas de quelle façon ou de manière*. Peut-être bien qu'ils étiont un peu effrontés et je vas te dire ça ici ; notre parc est pas mal rongé mais ça fait rien. Mets les vaches là pareil. Il y a un autre parc à côté du nôtre et il y a du pacage *en masse*. C'est pas à moi. Mets pas les vaches là parce que tu seras tué comme les autres. Et aussi il y a trois jardins tout proches du parc et il y a toutes sortes de fruits dedans, mais c'est pas à moi. Va pas dedans.

— Oh ! je suis pas un effronté. Si c'est pas à vous, j'irai pas dedans.

*Toujours,* il part avec ses vaches et il rouvre la barrière là où (est-)ce qu'il y avait du pacage *en masse* et comme c'était pas proche de la maison, il emportait son dîner avec lui ; et quand ça vient sur l'heure du midi, il *s'assit* tout proche des jardins et la tentation était trop forte. Il va dans un des jardins et il mange quelques fruits.

Bientôt il se rouvre un chemin dans la *montain* et il vient un gros géant sur un cheval ; et il avait un petit chien qui suivait le cheval et le géant était tout en noir et le cheval était noir et aussi le chien. Il vient tout proche du garçon et il lui demande de qui il avait eu la permission d'aller dans le jardin.

— Bien, j'ai pas eu la permission de personne parce qu'il y avait personne ici que je pouvais demander la permission.

— Bien, il y a quelqu'un à cette heure, mais tu auras plus la chance de demander permission ni d'aller dans mon jardin davantage.

Et il *aoueind* son sabre de son fourreau, mais avant qu'il eût le temps de l'arracher, le garçon lui tire sa boule de fer et le tape entre les deux yeux et voilà qu'il *déperche* en bas du cheval. Il saute tout de suite sur le sabre et il coupe la tête du géant. Le cheval et le chien s'en furent (fuirent) et une fois qu'ils furent dépassés la *montain,* le chemin se reforme et le soir il s'en vient tard avec ses vaches. L'homme lui dit :

— Il faut que tu t'en viennes plus tôt avec les vaches. Quoi (est-)ce qui t'a tient (tenu) si tard ?

— Bien, je *désertais.*

— Oui, bien si tu es vaillant assez de *déserter,* tu vas faire de l'argent parce que le gouvernement paie une grosse somme d'argent pour un *arpent* de terre qui est *déserté.* Mais ça fait rien pour ça. Il faut que tu t'en viennes plus tôt avec les vaches.

— C'est bien, je vous le promets.

— Oui, si tu es en vie !

— Ha ! ha ! faites-vous pas de chagrin. Je vous promets que je m'en reviendrai plus tôt avec les vaches et avec ma vie aussi.

Bien, le lendemain, il part encore avec ses vaches et il les met encore dans le parc où (est-)ce qu'il y avait de l'herbe *en masse* et le midi il fait son dîner ; et après avoir fini son dîner, il passe la *bouchure* et il va dans l'autre jardin et il mange quelques fruits.

Bientôt voilà le chemin qui se rouvre dans la *montain* et un autre géant : un habit rouge et un cheval rouge et un petit chien rouge. Il lui demande les mêmes questions que le premier lui avait demandées et ça fut la même réponse et voilà qu'il *aoueind* son épée pour tuer le garçon. Mais avec sa boule de fer, il *déplante* encore le géant et saute sur l'épée et il coupe la tête du géant. Et le cheval et le chien s'en retournèrent et le chemin se reforme.

Et le soir, le garçon s'en vient un peu plus tôt plein de santé avec ses vaches et ils aviont assez de lait qu'ils saviont pas quoi en faire. L'homme lui demande :

— Comment ça se fait que les vaches avont tant de lait ?

— Je sais pas.

— Bien, je suis quasiment sûr que tu les as mis(es) dans l'autre parc où (est-)ce qu'il y a du pacage *en masse.*

— Non, non, me prenez-vous pour un effronté comme ça ?

— Il y a quelque chose, car les vaches étiont quasiment taries et à cette heure je savons pas quoi faire du lait.

— Bien, c'est une bonne chose s'ils avont du lait *en masse* et de quoi à manger *en masse.*

*Toujours,* le lendemain il part avec ses vaches et les fait rentrer là où (est-)ce qu'il y avait de quoi à manger *en masse.* Et le midi, il prend son dîner et après avoir mangé, il va dans l'autre jardin et il mange quelques fruits. Et voilà le chemin qui se rouvre dans la *montain* et un géant qui vient avec un habit blanc et un cheval blanc et un chien blanc ; et ça fut la même demande des deux autres et la même réponse. Mais il attrape la même médecine des deux autres ; la boule de fer entre les deux yeux. Et il le *déperche* bien aisé en bas du cheval et il prend son épée et lui coupe la tête.

Voilà les trois gardiens des jardins morts ; et le cheval et le chien s'en retournent. Mais le chemin se reforme pas. Il reste ouvert.

— Bien, il se dit en lui-même comme j'ai le temps *en masse,* d'ici que je m'en a(i)lle avec les vaches, il faut que j'y a(i)lle voir quoi (est-)ce qu'il y a l'autre bord.

C'était un grand village, la mer et une immense flotte de bateaux qui étiont en pêche.

*Toujours,* il va à la porte d'une grande maison. Il frappe.

Une femme qui vient lui rouvrir la porte et elle dit :

— Ah ! grand Dieu, il vient pour me tuer !

— Non, non, madame, j'ai jamais tué personne.

— Oh ! si, car tu serais pas ici si tu avais pas tué personne.

— Eh bien, ça que j'ai tué, c'était pas du monde et ça fait rien, ils sont morts. Et je pense que c'était vous qui les gardiez ?

— Oui, j'étais leur servante. Bien si tu te trouves bien ici, tu peux y rester.

— Moi, ça me fait rien.

— Oh ! oui, mon garçon, ça te fait de quoi parce que c'est à toi que ça appartient ; tout ça que tu peux voir. Tous les bateaux sur la mer, c'est tout à toi, et viens avec moi, je vas te montrer d'autres choses qui t'appartiennent. Et elle rouvre une grande porte d'armoire et elle était pleine d'argent, tant qu'elle pouvait *tiendre* et des fusils et des pistolets et des couteaux de toutes sortes.

Le garçon, il était millionnaire avec sa boule de fer.

*Toujours,* il s'en revient avec ses vaches le soir ; mais quand il fut proche de la maison, il voit que la maison est dans la tristesse. Des rideaux noirs dans tous les *châssis*. Il rentre et il leur demande quelle sorte de tristesse qu'il y avait dans la maison.

— Bien, l'homme lui dit, demain notre fille va être mangée par la bête-à-sept-têtes.

— Oui, c'est bien triste. À quelle heure que ça va venir ?

— À dix heures, la fille va être dehors sur un banc : il vient la dévorer là.

— Bien, à demain.

Il va se coucher et le lendemain matin il se lève pour aller mener ses vaches au parc.

— Oh ! dit l'homme, tu vas pas mener les vaches au parc aujourd'hui. Il faut que tu restes voir la tristesse.

— Oh non, je reste pas. Je vas à mon ouvrage.

— Bien, si tu restes pas, tu travailleras plus pour moi.

— Bien, écoutez, si je vas pas à l'ouvrage c'est votre malheur, et si je vas à l'ouvrage c'est votre bonheur.

— Bien, si c'est comme ça, va-t'en à ton ouvrage.

Il s'en fut avec ses vaches et à neuf heures il fut où (est-)ce qu'était la bonne femme l'autre bord de la *montain* et il prit un habit tout noir et un cheval noir et aussi le chien noir et une longue épée et il s'en va où (est-) ce que la fille était pour être mangée. Il *espère* la bête à venir et bientôt la voilà. Mais avant qu'elle fût trop proche de la fille, il *aoueind* son épée et lui coupe une des têtes et il dit à son chien de la mordre tant qu'il pouvait pour lui donner une chance à couper d'autres têtes.

*Toujours,* il part par derrière la bête. Il va mettre son cheval où (est-)ce qu'il l'avait pris et il retourne où (est-)ce qu'étaient ses vaches et le soir il s'en vient avec ses vaches. La fille était encore en vie.

— Bien, il dit au vieux, je croyais que votre fille allait être mangée par la bête-à-sept-têtes et elle est encore en vie.

— Oui, dit le vieux. Il y a venu un jeune homme à cheval avec un chien et il avait une longue épée et dans peu de temps, il a coupé trois têtes et elle a parti en disant qu'elle allait venir demain avec plus de force et de courage que jamais.

— Oui, mais il faut que j'*espérions* à demain.

— Oui.

Et il *arrange ses vaches*. Il fait l'ouvrage qu'il a à faire et il va se coucher. Le matin, il se lève de beau matin pour aller avec ses vaches ; mais quand il fut paré à partir, l'homme fut à lui et il lui dit :

— Tu vas pas à l'ouvrage aujourd'hui.

— Bien, il faut que j'a(i)lle à mon ouvrage. Je peux *toujours* rien faire, et de plus vous m'avez dit qu'à *déserter* qu'il y avait de l'argent à y faire. Je veux faire de l'argent.

— Bien, que tu faises (fasses) de l'argent ou que tu en faises (fasses) pas, tu vas pas à l'ouvrage *à matin*.

— Bien, écoutez, j'ai la même réponse que j'avais hier matin. Si je vas à l'ouvrage, c'est votre bonheur, et si je vas pas à l'ouvrage, c'est votre malheur.

— Bien, dans ce cas-ici va-t'en à ton ouvrage.

Et il part avec ses vaches et dans les neuf heures il retourne voir la bonne femme et il prend un habit rouge, un cheval rouge et un chien rouge et encore sa grande épée et il vient où (est-) ce que la fille *espère* la bête.

Bientôt la voilà, mais elle avait l'air pas mal triste ; et quand elle vient proche assez de la fille, il *aoueind* son épée et dans peu de temps il enlève deux têtes. Il lui en restait rien que deux et elle s'en va toute *pidouse* en disant qu'elle reviendrait encore une fois demain à la même heure avec plus de force que jamais.

— C'est bien, dit le garçon.

Et elle part et lui aussi. Il va ramener son cheval et son chien et il reprend ses vieilles culottes et il s'en va trouver ses vaches.

Le soir, il s'en vient avec ses vaches et il voit que la fille est encore en vie. Il va voir le bonhomme.

— Hé ! bonsoir. Je vois que votre fille vit encore.

— Oui, il y a encore venu un jeune homme à cheval, mais tout était rouge ; son habit, son cheval et son chien ; et dans peu de temps entre lui et son chien, il a coupé deux têtes et elle a parti en disant qu'elle viendrait demain à la même heure avec plus de force que jamais.

— Oui, bien à demain.

Et il part et fait son ouvrage du soir et il va se coucher ; et le lendemain matin, il est debout avec le coq pour aller à son ouvrage.

*Toujours*, il est paré à partir avec ses vaches. Le bonhomme va à lui et lui dit :

— Je crois bien que c'est pas utile pour moi de te dire de pas aller à ton ouvrage parce que tu iras pareil.

— Oui, j'irai pareil et c'est la dernière fois pour la bête à venir et je vous souhaite bonne chance.

Et il part avec ses vaches. À neuf heures, il va encore où (est-)ce qu'est la bonne femme et il prend un chien blanc, un cheval blanc, un habit blanc et il va encore où (est-)ce que la fille *espère* la bête.

Bientôt la voilà toute *pidouse*. Elle avait de la peine à marcher. Il la laisse venir tout proche de la fille qu'elle s'en croyait sûre, mais il *aoueind* son sabre et dans quelques minutes la bête était morte.

Il descend en bas du cheval s'*assir* sur le banc avec la fille et il met sa tête sur ses genoux et il s'endort.

« Pendant qu'il dormait, elle prit ses ciseaux et elle coupit un *cordon* de cheveux. »

Pendant qu'il dormait, elle prit ses ciseaux et elle coupit un *cordon* de cheveux dans le derrière de la tête du jeune et elle l'*amarre* et le serre comme il faut.

Bientôt, il se réveille en sursaut et il saute sur son cheval et il retourne ramener son cheval et son chien et encore reprendre ses vieilles culottes et il s'en vient trouver ses vaches.

Le soir, il s'en vient avec ses vaches. Il trouve la maison toute en joie ; des beaux rideaux blancs dans les *châssis* et tout paraissait bien joyeux. Bientôt, voilà l'homme.

— Bien, mon garçon, je sons débarrassés de la bête et la fille est encore pleine de santé.

— Oui ? C'est toujours une bonne chose.

— Oui, dit l'homme, mais c'est pas tout. Il faut que je save (sache) qui (est-)ce qui a tué la bête.

— Bien, dit le garçon, c'est de vos affaires.

Et il va faire son ouvrage et quand le temps vient pour se coucher, il va dans sa chambre et à la couchette.

Le lendemain, il va faire mettre les vaches au parc. Mais quand il fut parti ils firent un festin et fallut que tout le monde y fût ; grands et petits, femmes et filles et fallut qu'ils passirent devant la fille le dos *viré par* elle. Elle voulait leur voir le derrière de la tête pour qu'elle pût trouver la tête qu'elle avait coupé le *cordon*. Tout le monde du village passit devant elle mais ils avint tous leurs cheveux.

— Bien, son père dit, il faut que ça seye (soit) un étranger tout à fait.

— Bien, non, dit la fille, il y a encore notre servant à venir.

65

— Oh ! notre servant ? Fais-toi pas de bile pour ça. C'est point notre servant.

— Bien, j'allons l'*espérer*. Il va s'en venir bientôt.

Là tout à coup le voilà. Il prenait la route pour aller à la cuisine, mais l'homme était assis au-devant de la maison et il lui dit :

— Tu passes pas par là *de soir*. Il faut que tu passes par ici.

— Quoi, avec mes souliers pleins de vase ?

— Oui, ça fait rien. Passe par ici et tu passeras devant la fille l'échine *virée par* elle, pas la face.

— Ça m'est pareil.

*Toujours*, il passe devant la fille. Elle le prend par l'épaule et elle met son *cordon* de cheveux et c'était juste ça. Elle appelle son père :

— Venez voir ici.

Il va voir tout de suite et la fille dit :

— Vous disiez que c'était pas notre servant. C'est pourtant lui.

— Oui, c'est lui, et il a fini de faire le trajet des vaches. Il va faire le monsieur à la maison parce que je lui donne la moitié de tout ça qui m'appartient.

— Bien non, dit le garçon, j'en veux pas en tout. Mais je pense que vous avez la moitié de la fille aussi, mais j'en veux pas la moitié. Je la veux toute, parce qu'elle m'appartient. Je lui ai sauvé la vie.

— Oui, oui, dit l'homme. Tu peux avoir la fille et aussi la moitié de tout ça qu'il y a ici, argent comme le reste.

— Oui, j'en parlerons plus tard. Demain, j'allons aller voir mon village.

— Quoi (est-)ce que tu veux dire, « mon village » ?

— Bien, vous le saurez demain. Bonsoir, à demain.

Bien, il dort bien cette nuit-là parce qu'il y avait fait une bonne semaine et il se lève encore de bonne heure le matin. Il voulait tout mettre en *parage* pour amener le vieux voir son village et sa fortune.

*Toujours,* le temps passe vite et les voilà partis en *double team,* tous les quatre ; le vieux et la vieille, et lui, la fille, et il passe voir les trois jardins et il leur dit :

— Ces trois jardins de fruits ici, c'est à moi.

Et allant plus loin, il prit le chemin de la *montain* et *touche par* là. Bientôt, il arrive au village.

— Oh ! dit la fille, il fait beau ici.

— Oui, dirent les autres, très beau.

— Bien, dit le garçon, tout ça que vous voyez ici, c'est tout à moi. Vous *voyez* des *bottes* sur la mer ? C'est tout à moi aussi. Et j'allons aller à la maison. Il y a une bonne femme qui travaille pour moi. Elle *couque* pour les pêcheurs.

*Toujours,* il rentre et il leur montre tous les fusils et les pistolets, les sabres, les couteaux, les épées et là il leur montre l'argent et il leur dit :

— Vous croyez bien que j'ai de quoi à faire vivre une femme.

— Oui, dit le vieux, et un mille femmes ! C'est pas curieux que tu voulais pas la moitié de mon bien. Tu as plus dans ton petit doigt que j'ai dans tout mon corps.

Et aussi il va leur montrer les chevaux et il leur dit :

— Voilà les trois chevaux que j'ai été chez vous pour tuer la bête-à-sept-têtes.

— Bien, oui, ça *les* ressemble très bien aussi.

— Bien, j'allons aller dîner.

Et après le dîner, ils s'en retournent chez eux et ils mettont tout en *parage* pour les noces ; et à la fin de la semaine, c'était les noces.

Après ils prirent chacun une *double team* et il s'en va voir son père et sa mère et en allant, il passe voir le forgeron mais il le reconnaît pas, pas en tout.

— Je crois que vous me connaissez pas.

— Non, pas en tout.

Et il lui montre la boule de fer qu'il avait avec lui et que le forgeron lui avait faite.

— Bien, j'ai fait cette boule-là, mais c'est jamais toi !

— Oui, c'est moi et ça ici, c'est ma femme et mon beau-père et ma belle-mère.

Bien, il en revenait plus, le vieux forgeron.

*Toujours*, il lui souhaite bonjour et leur dit qu'il va voir son père et sa mère et quand il arrive chez eux ils furent bien loin de le reconnaître. Mais il leur dit qu'il était leur garçon et qu'il était marié, que la jeune femme était la sienne et les deux autres, c'était son beau-père et sa belle-mère.

— Et j'avons venu ici pour vous chercher. Je veux que vous veniez rester avec nous autres parce que moi à cette heure je suis riche et je veux vous mettre heureux sur vos vieux jours. Allez-vous venir avec nous autres ?

— Bien, quoi (est-)ce que j'allons faire de la maison et du bagage ?

— Bien, la maison est trop vieille pour la vendre et la *furniture* il y en a trop peu pour en parler.

— J'allons tout faire brûler.

Il met le feu et tout s'en va en cendres et il amène son père et sa mère avec lui et ils vivirent heureux pour le reste de leurs jours.

Les dernières nouvelles que j'en ai sues, la jeune femme avait un *baby* et la vieille avait un gros rhume.

## IV.  L'histoire de la grange


*Le conte suivant appartient au type 327 E Les enfants abandonnés s'échappent de la grange en feu et il n'a été relevé que deux fois en Irlande et cinq fois au Canada. M. Déveaux*[1] *incorpore à son récit l'épisode de la maison hantée qui est représentative du type 326 Jean-sans-peur.*

---

1. Conté en 1952 par Jean Z. Déveaux, âgé de 68 ans, du village de Passchendale, comté de Cap-Breton, Nouvelle-Écosse. Conte type 327 E encadrant le type 326 III e (maison hantée).

# IV. L'histoire de la grange

Il y avait une fois un homme et une femme. Ils aviont trois garçons et ils étiont pauvres, comme on dit quelquefois, des rats d'église.

L'homme travaillait pour des bien petites *gages* et pour nourrir sa femme et ses trois grands garçons, c'était plus qu'il pouvait faire.

Bien, la seule chose qu'ils pouviont faire, c'était de les faire mourir de quelque façon. Mais comment ?

—Bien, dit la femme à l'homme, j'ai une idée pour les détruire, pour que ça se passe comme un accident. Je vas laver tout le *butin-lit* et je les enverrai coucher à la grange. C'est l'été, il seront contents d'aller coucher à la grange, et une fois endormis, tu iras mettre le feu et feras tout brûler, la grange et les enfants, et ça se passera qu'ils avont mis le feu eux-mêmes. Comme ça, j'en serons débarrassés.

Et ils firent l'affaire comme ils aviont fait leur plan et tout fut fait bien.

Mais après quelque temps que les garçons furent dans la grange, les deux plus vieux s'endormirent dans peu de temps, mais le plus jeune pouvait pas dormir en tout parce qu'il avait dans son idée que son père et sa mère aviont quelque chose dans l'idée pour les envoyer se coucher à la grange.

Il réveillit ses deux frères en leur disant qu'il pouvait pas dormir dans la grange et comme il y avait du foin de coupé dans le *renclos* ils se décidirent d'aller coucher dehors.

En se cachant, ils sortirent de la grange et ils se faisont un gros *muleron* puis ils se couchirent dessous. Mais pour tout ça le plus petit pouvait pas dormir. Il regardait *par* la grange. Bientôt il voit la grange tout en flammes. Il avait vu son père aller à la grange quelque temps avant, mais il avait rien dit à ses frères. Une fois la grange partie, il se cabanit sous le *muleron* puis il fit un bon somme.

Mais à la pointe du jour il réveillit ses frères puis il leur dit :

— Regardez, la grange est brûlée. Bien, voilà la raison pourquoi ils nous avont *envoyés* coucher à la grange, pour nous faire brûler. Bien comme je sons encore en vie *et* ils nous croyont brûlés, j'allons fuir quelque part. Je trouverons de l'ouvrage quelque part.

Et ils se mirent en marche.

Bientôt ils trouvirent un endroit où (est-)ce que le chemin se croisait. Bien, le plus jeune des trois leur dit :

— C'est ici que j'allons nous séparer ; je pouvons pas rester tous les trois ensemble si je voulons avoir de l'ouvrage.

Et il leur dit :

— J'allons chacun prendre un chemin, mais oubliez pas que dans un an et un jour d'ici faut que je nous rencontrions ici, et oubliez pas ça, c'est bien dans un an et un jour. Au revoir.

*Toujours,* ça parle pas des deux frères pour quelque temps. Le discours est tout sur le plus petit. Il marchit toute la journée puis vers le soir il trouvit une maison et comme il était fatigué et qu'il avait une bonne faim il frappit puis il rentrit. Le bonhomme le regardait.

— Qui (est-)ce que tu es ?

Il lui conte son aventure, il soupit puis il se couchit.

Le lendemain il dit à l'homme qu'il se cherchait de l'ouvrage.

— Bien, dit l'homme, j'ai pas d'ouvrage à te donner.

Mais il y avait une belle fille à la maison. Elle dit à son père :

— Voilà trois semaines que vous cherchez un garçon pour travailler dans le jardin. Pourquoi pas lui donner la *job* ?

— Oh ! j'y pensais pas plus.

*Toujours,* il l'engagit pour faire l'ouvrage du jardin.

Quelque temps après, il dit à sa femme :

— Je veux qu'il soye (soit) bien nourri et bien couché, et *une lunch* à neuf heures *et une* à trois heures, mais vous lui donnerez par le *châssis*. Allez pas lui porter au jardin.

*Toujours,* fallut qu'ils suivirent les ordres, mais quelques jours après il partit puis il leur dit qu'il serait parti pour quatre ou cinq jours. Mais il fut parti rien que trois jours et quand il arrivit il trouvit le jeune assis avec sa fille dans le jardin. Elle avait été lui porter *sa lunch*. Le vieux lui dit :

— Vous avez *cassé mes règles*.

— Bien, dit la fille, je trouvais pas ça trop joli de lui donner son manger par le *châssis*. J'ai été lui porter au jardin.

— Oui, c'est bien, mais *de soir* il couchera pas ici. Faut qu'il se couche dans la grande maison vide qui est tout proche d'ici.

Puis il lui montrit la maison en disant :

— Il y a deux garçons qui avont perdu la vie dans cette maison-là et je sais pas de quelle manière. Faut que tu y a(i)lles coucher là.

— Bien oui, j'irai. Ça me fait pas de peine en tout.

Mais comme la fille l'aimait bien, elle voulut pas qu'il fût coucher là. Mais c'était pas utile qu'elle se mit dans son chemin parce qu'il voulait faire voir à l'homme qu'il était brave. La fille lui donnit un grand couteau, mais il le voulait pas. Il dit :

— Tout ce que je veux, c'est un livre. Quand je suis tout seul, j'aime à lire.

*Toujours,* il va là puis il se trouve surpris de voir la maison et la jolie *furniture.* Tout était sous la main.

Toujours, il *s'assisit* dans une grosse chaise avec une lampe *au ras* lui pour lire. Bientôt il voit une clarté sous la porte, mais il en fait pas de cas. Il lit toujours. La porte se rouvrit et un homme tout en feu rentre dans la chambre. Il va à lui en disant :

— As-tu pas peur ?

Le gars lui répondit :

— Non, j'ai pas peur, puis *sauve-toi* que je finisse mon histoire.

Et l'homme lui demandit trois fois s'il avait pas peur. Toujours la même réponse, et le feu s'en va et le garçon finit de lire et il se *tirit dans le lit* puis dort.

Le lendemain, il arrive pour son déjeuner. L'homme se trouve surpris de le voir mais, pour couper l'affaire au court, il fit ça trois soirées de suite. La troisième soirée, quand il vut qu'il avait pas peur, l'homme de feu se fit apparaître à lui en disant d'aller avec lui dans la cave. Là, il lui montrit où (est-)ce qu'il y avait une barrique d'argent et il lui dit :

— Tout ça que tu vois ici et dehors, c'est tout à toi : maison et argent. Mon frère m'a tué pour avoir cette maison-ici puis la ferme, mais il aura pas cette chance-là parce que c'est tout à toi à cette heure et je vas t'en faire un papier que tu peux lui montrer. S'il *se griche* tu peux lui dire qu'il m'a tué avec un fusil mais ça a pas payé parce que c'est tout à toi et la chose est aussi fraîche que le jour qu'il m'a tué. S'il veut *se sauver de la corde,* faut qu'il se soumette à toi.

Mais quand il dit qu'il avait vu son frère qu'il avait tué avec son fusil, il en demandit pas plus, mais il voulait pas qu'il fût dans cette maison-là. Il voulait qu'il restît avec lui. Le jeune lui dit :

76

« As-tu pas peur ? »

— Non, je m'en vas dans ma maison, et tout ça que je veux de vous, c'est votre fille.

— Oh ! non, tu n'auras pas ma fille.

— Eh bien, gardez votre fille, mais vous *aurez la corde au cou.*

Ça lui fit peur, puis il lui donnit sa fille et le gars se marie tout de suite et il s'en va chez eux où (est-)ce qu'il y avait de quoi *en masse.*

*Toujours,* le temps se passe et comme il avait dit à ses frères de pas oublier de se rencontrer à la croisée des chemins, le temps était venu. Il attelle deux gros (chevaux) à un *truck* à trois sièges et le voilà parti ; lui, sa femme, mais elle savait pas où (est-)ce qu'ils alliont. Bientôt il arrive là. Il y avait là un homme maigre comme un pic. Bientôt l'autre arrive et ils se parliont tous les deux. Ils se connaissirent mais ils connaissiont pas celui-là qu'était dans le *truck.* Il descendit du *truck* puis il leur dit :

— Quoi (est-)ce que vous faites ici ?

— Nous autres ? *J'espérons* notre frère. Je sons supposés de nous rencontrer ici tous les trois aujourd'hui.

— Bien, moi je crois pas ça. Je crois que vous avez fait quelque mauvais tour. C'est la prison qu'il vous faut.

Il les fit *embarquer* avec eux et les voilà partis. Bientôt il arrive à son *home.* Il frappit à la porte. Le vieux rouvre la porte : un jeune homme et une jeune femme. Il leur dit de rentrer tandis que les deux prisonniers restirent dans le *truck.*

*Toujours,* il leur demandit s'ils aviont des enfants ou bien s'ils aviont toujours été seuls.

— Oui, répondit le vieux, en pleurant. Et la vieille lui contit l'histoire de la grange. Le jeune homme leur dit :

— C'est pas aisé à croire, cette histoire-là. C'est la prison qu'il vous faut. Mais avant de partir je vas faire brûler la maison.

Il prend la canne de *carasine* et il la jette partout dans la maison tandis que les deux vieux pouviont plus se *reconsoler* de pleurer, mais les pleurs lui faisiont rien. Il allumit une allumette puis il mit le feu sur la *carasine*. Dans quelques minutes tout était disparu. Il mit les vieux dans le *truck* avec ses deux frères et les voilà partis. Mais ils étiont pas *sans soins* parce qu'ils pensiont qu'ils alliont à la prison.

Mais bientôt il arrivit à cette grande maison-là. Il les fit rentrer dans la maison. Il va mener son père et sa mère dans un *room* tout *fourni* du *best* avec un beau lit. Il leur dit :

— Ça ici, ça va être votre prison.

Il va trouver ses deux frères en leur disant :

— Me connaissez-vous pas ?

Il fit la même demande à son père et à sa mère, mais ils dirent qu'ils l'aviont jamais vu. Il dit :

— Mais vous êtes mon père et ma mère et mes deux frères. Vous pensiez que vous nous aviez brûlés, moi et mes frères, ce soir-là dans la grange.

Il leur conte l'histoire et il dit à ses frères :

— Vous allez travailler sur ma ferme et ça ici, ça sera votre prison.

Plus tard, je sais pas quoi (est-)ce qu'ils avont fait. Ils étiont dans une belle prison.

Bien, ça c'est le conte de la grange.

## V. *La belle musique*

*Le type 465 B* La recherche de la harpe vivante *qui inaugure cette version* [1] *et la conclut apparaît comme un prétexte, car le conte se développe selon le type 329* La fille du magicien et les cachettes à découvrir *qui est lui-même encadré par le type 301.*

*Alors que les types 329 et 465 B sont assez bien connus au Canada, ils sont presque ignorés en France où on ne relève qu'une version du premier et aucune du second. Malgré la présence de trois types différents, l'unité du sujet les fond harmonieusement.*

---

1. Communiquée en 1952 par Jean Z. Déveaux, âgé de 68 ans, du village de Passchendale, comté de Cap-Breton, Nouvelle-Écosse. Conte type 465 B, 301 II c, III a, b, IV a, b, 329 I a (diable), II b (jument), III, 301 V a, e, 465 B.

# V.  La belle musique

Il y avait une fois un homme qui avait trois garçons de quatorze à quinze ans. Il avait rien à leur donner à faire et comme il avait entendu qu'il y avait une belle *musique* dans le monde quelque part, mais il savait pas où la trouver, un jour, il dit au plus vieux des garçons :

— Faut que tu y a(i)lles les *chercher pour* la belle *musique*.

Il lui donnit de l'argent et le garçon se mit en route *en recherche* de cette *musique*-là. Il pouvait l'entendre, mais il voyait rien.

Toujours, il marche au son de la *musique*. Bientôt il arrive là, mais elle se trouvit dans un trou sous la terre. Il *s'assit* pour se reposer en écoutant la *musique* et sans s'en apercevoir il s'endormit. Il dormit juste un an.

Parce qu'il était parti pour si longtemps, le père commencit à s'inquiéter de lui et il dit aux deux autres frères :

— Faut que vous alliez à la recherche de votre frère et de la belle *musique*.

Il leur donnit de l'argent parce qu'il savait pas comment loin que fallait qu'ils furent pour les trouver.

Toujours, quand ils furent quelques *milles*, ils entendirent la *musique* et ils se mirent à marcher suivant le son de la *musique*.

Après quelque temps, ils arrivirent à leur frère qui était couché et qui dormait. Ils l'avont réveillé puis ils lui avont demandé :

— Quoi (est-)ce que tu fais ici ?

— Bien, quand j'ai arrivé j'étais à bout et je m'ai assis. Je pense que je m'ai endormi. Quelle heure qu'il est ?

— C'est pas l'heure que faut que tu demandes, c'est l'année. Il y a juste un an aujourd'hui que tu es ici.

— Quoi ! j'ai dormi un an ?

— Oui, puis notre père s'inquiétait. C'est pour ça qu'il nous a envoyés te chercher et en même temps trouver la belle *musique*.

— Oui, mais la *musique* est ici ; vous pouvez l'entendre.

— Oui, mais comment (est-)ce que j'allons la trouver ?

— Je pense que si je creusions un puits...

— Ah ! c'est ça, dit le plus jeune. Moi je resterai ici. Vous autres retournez à la maison chercher des pelles et des pics. Faut que je trouvions la belle *musique* avant d'abandonner.

*Toujours*, ils sont partis pour chercher des outils pour faire un trou pour se rendre où (est-)ce que la belle *musique* se trouvait.

Ils se mirent à l'ouvrage puis après un *espelle* ils avoint un fameux trou. Bientôt ils défoncirent.

— Bien, dit le plus jeune, lequel de nous autres va aller chercher la belle *musique* ?

Le plus vieux dit :

— Pas moi, je vas pas plus loin.

— Bien, dit l'autre, *tant qu*'à moi, j'y vas pas.

— Bien, dit le plus jeune, faudra bien que j'y a(i)lle moi, parce que c'est pas utile de nous en retourner sans la belle *musique*.

— Oui, dirent les autres, mais si tu as le coeur et le courage d'aller dans ce trou-là, j'*espérons* ici. C'est une promesse. Bien, bonne chance !

Il marche pas bien loin. Il vient à un village. C'était bien éclairé. Il y avait quelques maisons, et il frappit à la porte de la première. Une belle fille qui vient lui rouvrir la porte. Elle se trouve surprise de voir ce jeune garçon-là. Elle lui dit :

— D'où (est-)ce que tu *deviens* ?

— Je viens de chez nous.

— Comment (est-)ce que tu as pu faire pour venir ici ?

— J'ai creusé un trou et j'ai défoncé ici.

— Bien, mon pauvre garçon, tu viens dans une pauvre place. Moi, ici, je suis gardée par un géant et il tue tout ça qu'il rencontre.

— Oui, bien il m'a pas encore rencontré, puis peut-être bien que c'est moi qui vas le tuer.

— Non, non, va-t'en d'ici, il va arriver dans peu de temps.

— Ah ! laisse-le venir.

Il se cache derrière la porte. Bientôt voilà le géant qui arrive. Le garçon va doucement derrière lui et lui coupe le cou avec un sabre qu'il avait là.

— Là, il dit à la fille, vois-tu comment (est-)ce que c'est aisé quand on s'en méfie pas ? *Toujours*, il est fini, puis il te *bâdrera* plus. Mais écoute, donne-moi à manger.

Il mange et il parle. Il demande toutes sortes de questions à la fille, puis elle, sage comme tout, lui répond.

*Toujours*, elle lui dit que sa soeur est dans une autre maison dans le même *arrangement* : qu'un géant la garde. Il demande à la fille si le géant est chez eux à cette heure.

— Oui, elle lui dit, parce qu'ils s'en venont toujours ensemble.

— C'est bien, je vas rester ici *de soir* et j'irai demain lui donner la même médecine que j'ai donnée au tien.

— Oui, dit la fille, ça sera bien une autre bonne chose. Mais sans être trop curieuse, pourquoi (est-)ce que tu t'as donné tant de *trouble* pour venir ici ?

— Bien, dit le garçon, je vas te le dire, parce que tu pourras peut-être bien me donner une idée. Je *suis après* la belle *musique*.

— Bien, elle dit, c'est un sorcier qui garde la belle *musique*. Il reste dans la troisième maison.

— C'est bien, merci.

Après un *espelle*, il va se coucher et le lendemain après-midi il vut que c'était quasiment le temps que le géant allait s'en venir, il va cogner à la porte. Une autre belle fille lui rouvre.

— Mon cher enfant, elle dit, quoi (est-)ce que tu fais ici ? Va-t'en au plus vite. Je suis gardée par un géant et il va s'en venir dans quelques minutes, et il va te tuer pour sûr.

— Laisse-le venir, il est trop tard à cette heure pour me sauver.

Il se cache derrière la porte et quand le géant rentre, il sort tout doucement et il arrache le sabre du géant, de son fourreau, et il lui emporte la tête.

— Tu es bien *smart*, dit la fille.

— Oui, oui, il dit, c'est pas mal.

Il traîne le géant dans quelque trou qu'il y avait là et il dit à la fille :

— Donne-moi à souper et à coucher, parce que demain faut que j'y *a(i)lle pour* la belle *musique*.

— Qui (est-)ce qui t'a dit qu'il y avait une belle *musique ?*

— C'est ta soeur. J'ai couché là hier *à soir*.

86

— Mais, dit la fille, elle est gardée par un géant, elle aussi.

— Non, pas à cette heure, le géant est mort.

— Quoi (est-)ce que tu dis, tu as délivré ma soeur ?

— Bien oui, je t'ai délivrée, toi aussi.

— Mais comment (est-)ce que j'allons nous y prendre pour sortir d'ici ?

— Presse-toi pas, dit le garçon, je sortirons d'ici.

Puis après le souper, il va se coucher en *jonglant* comment (est-)ce qu'il pourrait s'emparer (de la belle *musique*) le lendemain avec le sorcier qui était toujours à la maison.

*Toujours,* voilà le jour et il se lève de bonne heure et il déjeune. Après un *espelle,* il dit à la fille :

— Faut que j'a(i)lle voir la belle *musique.*

— Oui, bien, bonne chance !

Il arrive là puis il *tape à la porte.* Un jeune homme lui rouvre la porte.

— Bonjour, mon garçon. Quoi (est-)ce que tu cherches par ici ?

— Bien, dit le garçon, je cherche de l'ouvrage. Peut-être bien que vous auriez besoin d'un servant.

— Oui, j'ai besoin d'un servant. Je vas aller demander à ma femme si elle veut que j'engage un servant.

Il passit dans une chambre puis il parlait comme s'ils étiont deux, mais il était tout seul. *Toujours* il sort puis il dit :

— Oui, tu peux rester ici. *Tu soigneras la grange.* J'ai trois juments et tu leur donneras leurs trois repas à tous les jours. Il y en a deux qui sont bien grasses ; tu leur donneras des bons repas ; et l'autre, elle est maigre : donne-lui pas grand-chose à manger.

— C'est bien, je suivrai les ordres.

Le soir, il fut leur donner à souper ; une bonne ration aux deux grasses et une petite ration à la maigre. Mais quand il vient lui porter, elle lui dit :

— Écoute pas les ordres qu'il t'a donnés. Donne-moi à manger tant que je pourrai en prendre une bouchée, parce que c'est moi que faut que tu sortes d'ici. Je suis plus *capable* que lui, et il veut me faire mourir de faim.

— Oui, mais comment ça se fait que tu parles, toi, une jument ?

— Oui, il m'a changée en jument, mais je suis une fille.

— C'est bien, je te promets que tu vas être bien nourrie.

Et à tous les jours qu'il allait leur donner à manger, il lui donnait tant qu'elle pouvait manger et de jour en jour elle *prenait* des forces et *du lard.*

Mais après un *espelle,* l'homme fut voir à la grange et il trouvait que la jument qui aurait dû être maigre était aussi grasse que les autres. Il s'en retourne à la maison puis il dit au garçon :

— J'arrive de la grange et la petite jument qui devait être maigre est pas mal grasse. Tu lui donnes la même ration que les autres, hein ?

— Non, dit le garçon, je lui en ai donné plus. C'est pas utile d'avoir des bêtes et pas leur donner à manger.

— Oui, mais ça c'était pas de tes affaires. Demain, j'allons jouer au *troc.* Tu vas te cacher et si je te trouve, je te tuerai. Mais si je te trouve pas, tu auras la grâce.

— C'est bien.

Le lendemain vers dix heures, il dit au garçon :

— Va te cacher et bientôt j'irai te trouver.

Il partit et il fut trouver la petite jument et il lui dit :

— Aujourd'hui, je jouons au *troc* et faut que je me cache et s'il me trouve il va me tuer. S'il peut pas me trouver, j'aurai ma grâce.

— C'est bien, qu'elle dit, mets-toi dans mon oreille.

Tout à coup, il disparut. Bientôt voilà l'homme en *sublant* et il regarde partout. Il cherche proche d'une heure mais pas moyen de le trouver. Il dit :

— *Décache-toi.* Je peux pas te trouver.

La jument se baissit la tête et le garçon *jompe* à terre.

— Bien, me voilà. Vous avez venu proche.

— Oui, j'allons encore jouer demain.

— C'est bien.

Et le lendemain à dix heures le garçon fut trouver la jument qu'il lui dit où (est-)ce qu'il pourrait se cacher.

— Regarde sous ma patte gauche de derrière. Il y a un clou de mon fer qui est parti. Prends sa place.

Il se trouvait encore bien caché. Bientôt voilà le monsieur et il regarde dans tous les coins, partout où (est-)ce qu'il croit qu'il devrait être. Mais pas moyen de le trouver. À la fin, il en vient à bout et il dit :

— Sors de ta cachette, je peux pas te trouver.

La jument lève la patte et il *se tire debout.*

— Me voilà encore !

— Oui, tu es bien *smart*, petit garçon. Allons à la maison. À demain.

*Toujours*, le lendemain à dix heures voilà le garçon parti pour se trouver une cachette. Il va voir la petite jument et elle lui dit :

— Quoi (est-)ce que tu veux ? Encore une cachette ?

— Oui, pour la dernière fois.

— Bien, regarde-moi dans la *goule*. J'ai une dent de *lousse. Voûte* la dent et va à sa place.

Ça fut bientôt fait et, après un *espelle,* voilà encore le sorcier et il regardait partout, dans les crèches des autres juments, dans les vieux *carrés* et à la fin il était à bout et il dit :

— *Décache-toi,* je pourrai jamais te trouver.

La jument rouvrit la *goule* et le garçon *jompe* en bas devant le sorcier et il dit :

— Me voilà, tu as pas pu me trouver mais tu as venu proche.

— Non, et demain c'est moi qui va(s) se cacher et si tu me trouves, je te donnerai la grâce et si tu me trouves pas, je te tuerai.

Dans les dix heures, il dit au garçon :

— Je vas aller me cacher et il faut que tu me trouves.

— C'est bien.

Le garçon va trouver la jument et il lui dit :

— L'homme est caché et il faut que je le trouve pour me sauver la vie.

Elle lui dit où (est-)ce qu'il était et où (est-)ce qu'il pourrait trouver un grand couteau pour tuer le sorcier. Elle lui dit aussi que ce couteau-là était pointu et *prime.* Après ça, elle lui dit :

— Il est caché derrière la porte de la grange. Ferme la porte et tu verras une plaque blanche. Darde en plein dans la plaque ; c'est la *bresse* de sa chemise.

Mais avant qu'il eût le temps de le darder, le sorcier sortit.

— Oh ! tu m'as trouvé ?

— Oui, je crois que vous êtes pas si *capable* que moi. Je vous ai trouvé au premier coup.

— Oui, t'as pas mal fait. Bien à demain.

Le lendemain, il va encore se cacher et le garçon retourne voir la jument.

— Bien, je suis encore à la recherche du sorcier.

— Oui, je le sais. Pourquoi (est-)ce que tu l'as pas dardé hier ?

— J'ai pas eu le temps. Il a sorti si vite qu'il m'a fait peur.

— Bien, fais-toi-s'en pas peur. Quand tu le trouveras, darde. Il est caché dans une grande boîte dans la grange. *Voûte* le *couvert* et tu verras une place blanche dans le fond de la boîte. C'est lui. Darde dans la plaque.

Il partit et il fit semblant de regarder ici et là. Bientôt, il va à la boîte et il *voûte* le *couvert*. Mais avant qu'il pût le darder, le sorcier sort et il *se tire debout* et il fit encore peur au garçon.

— Bien, tu m'as encore trouvé.

— Oui, mais il reste encore demain. Je vas faire de mon mieux pour vous trouver parce que vous allez me tuer.

— C'est ça le jeu ! Bien à demain.

Le lendemain à dix heures, il part encore pour se cacher et le garçon va à la grange voir sa petite jument.

— Bien, te voilà encore ! Pourquoi (est-ce)ce que tu l'as pas dardé hier ?

— Il a encore sorti si vite qu'il m'a fait peur.

— Bien aujourd'hui c'est la dernière fois. Peur ou pas peur, darde pareil, parce que c'est ta vie et la mienne. Aujourd'hui il s'a caché l'autre bord du ruisseau dans une *bouillée* de sureau. Rouvre la *bouillée* et tu verras une plaque blanche sur un des arbres. Plante ton couteau dans la plaque, et tu le perces au coeur.

— Je vas pas le manquer aujourd'hui, crains pas.

Il traverse le ruisseau sur un petit pont et il va à la *bouillée* qui se trouve au bord du ruisseau et il rouvre la *bouillée* pour le voir comme il faut, mais le sorcier *se tire* devant lui. Ça le surprend pas cette fois-ici. Il plante son couteau dans le corps du sorcier et il s'en va avec le courant. Là, le jeune s'en retourne à la petite jument puis il dit :

— Je l'ai tué cette fois-ici. Il nous fera pas pâtir à cette heure.

— Non, puis à cette heure tu es le maître de tout. Tu as mes soeurs et moi et la belle *musique*. Mais faut que je sortions d'ici.

— Bien, oui. J'ai deux frères qui m'*espéront* en haut. Demain je vas aller leur dire que (je) suis paré à leur envoyer la belle *musique* et deux filles et nous autres.

*Toujours,* il va là, au trou, et il leur *huche :*

— Êtes-vous encore là ?

— Oui, c'est-il toi ?

— Oui, c'est moi, et écoute, j'ai la belle *musique*. Il y a deux filles, la belle *musique* et moi à monter. Vous aurez besoin d'une grande boîte.

— Oui, bien, j'en ferons une.

— Bien, partez. Demain vous monterez la boîte, les filles et moi.

— C'est bien, à demain.

Ils firent une grande boîte puis le lendemain ils se rendirent au trou. Le jeune fut là avec les deux filles, la belle *musique* et sa petite jument.

Ils firent monter la belle *musique* pour commencer et après ça les deux filles ; mais quand ça vient à son tour, il prit pas de chance dans la boîte parce qu'il avait une idée que ses frères le vouliont pas dans leur chemin tandis qu'ils aviont la belle *musique* et deux filles par-dessus le *bargane.*

*Toujours,* il fut *smart* assez de mettre des roches dans la boîte à peu près son poids et il leur dit :

— C'est paré.

Et voilà la boîte partie ; mais quand elle fut quasiment montée, ils la laissirent aller. Tout s'en vient en bas : boîte, roches et cordage.

Là, ils crurent qu'il était mort. Ils *partirent pour* chez leur père avec la belle *musique* et les deux filles et ils dirent aux filles de dire à leur père que c'était eux qui aviont trouvé la *musique* et aussi délivré eux deux de leur prison.

Ils arrivirent chez eux avec la belle *musique* et les deux filles. Le vieux était assez bien aise qu'il savait pas quoi faire.

Après quelque temps, les deux garçons se marirent avec les deux filles et ils étiont heureux comme des rois parce que leur père était plein d'argent.

*Toujours,* pendant que tout ça se passait à la maison paternelle, le jeune se trouvait dans le trou sans moyen de monter. Il s'en fut trouver sa jument et il lui dit quoi (est-)ce qui avait arrivé.

Bien, elle dit, *déconforte-toi* pas. Je te monterai d'ici. Mais je me sens pas encore assez forte. Dans une semaine, je crois que je pourrai le faire.

Au bout de la semaine, ils alliont au trou. Le garçon lui monte sur l'échine et les voilà partis par en haut. Mais elle put pas le faire. Ils durent s'en retourner.

Le garçon mit la jument dans la grange et il la nourrit du bon et du meilleur pour une autre semaine et, au bout de la semaine, il lui dit :

— Crois-tu pas que tu pourrais *faire le jour* à cette heure ?

— Bien, je crois que oui, parce que je me sens un *lotte* plus forte. Demain j'essayerons encore.

Le lendemain, ils furent au trou et le garçon monte sur l'échine de la jument et ça part par en haut. Elle *fit le jour* sans misère et ils marchirent un beau bout. Mais il osait pas s'en aller avec une petite jument ; son père l'aurait tué.

*Toujours*, quand ils furent un beau bout, la jument dit :

— Tu devrais allumer un feu. Je me semble que j'ai *frette*.

— Oui, sûr. Je vas faire un beau feu. Je me semble que j'ai *frette* moi aussi.

Il ramasse un *pilot* de bois sec et des branches et il fait un beau gros feu. Une fois que ça fut tout en flammes, la jument dit :

— Tu devrais me pousser dans le feu.

— Quoi ! te pousser dans le feu ?

— Oui, ça me ferait du bien, il ferait plus chaud.

— Bien, je vas te pousser, mais pas fort assez pour que tu tombes dedans.

Et il la poussit un petit peu et elle tombit droit dans le feu et dans une minute elle fut toute brûlée et le voilà seul. Pas de fille, pas de *musique*, pas rien. Après avoir eu tout ce *trouble*-là, il était *déconforté*. Il osait pas s'en aller. Il restit alentour une couple de jours après.

Quand le feu fut bien *crevé*, il se dit en lui-même : «Faut que j'y a(i)lle voir les os de ma petite jument. »

Et il prend tous les os des jambes et des pattes et comme ils étiont creux, il regardait dedans. Bientôt, il en prit un et il regarde dedans et il

94

« Il trouve ça drôle, et il le met (l'os creux) à ses babines et il souffle dedans. Une belle fille tombe à terre. »

voit une face. Il trouve ça drôle, et il le met à ses babines et il souffle dedans. Une belle fille tombe à terre. Il eut peur et il sautit.

— Ah ! je t'ai fait peur ?

— *Mondoux* oui. Étais-tu dans l'os ?

— Oui, il fallait ça pour me délivrer du sorcier ou du diable. À cette heure, je suis pareille comme les autres filles.

— Bien, j'allons nous en aller chez mon père où (est-)ce qu'est la belle *musique* et bientôt je serons là.

Avant d'arriver chez son père, il entendait la belle *musique* jouer. Arrivé là, il frappe à la porte et ça fut son père qui vient lui rouvrir.

— Oh ! c'est toi et tu as pas peur et de plus avec une fille ?

— Non, mon père, j'ai pas peur. Au contraire, je suis plus que bien aise de m'en venir voir ma belle *musique*; bien, pas la mienne d'une façon, mais la sienne. Où (est-)ce qu'ils sont mes deux frères, qui vous avont conté toutes ces belles menteries ? Faites-les venir ici.

Ils rentrirent et ils furent bien surpris de voir leur frère.

— Vous paraissez bien surpris de me voir ! Vous me croyiez mort, mais j'étais trop *smart* pour vous autres. Après que la belle *musique* et les deux filles furent montées, vous vouliez pas me voir et je m'en méfiais beaucoup. Je mettis des roches dans la boîte à ma place et bientôt je vois tout venir en bas. Vous m'avez cru mort, mais j'étais bien trop *smart* pour ça. C'est elle qui m'a monté et vous pouvez croire si elle a eu du *trouble*. À cette heure, j'ai conté une partie de mon *trouble* à mon père. Disez (dites)-lui comment (est-)ce que vous avez fait pour avoir la belle *musique*.

— Bien, j'avons plus de menteries à conter. Il peut faire de nous autres ça (est-)ce qu'il veut.

97

— Oui, dit le vieux, ramassez tout votre bagage et *clargissez* la maison. Je veux plus vous voir la face après avoir joué un pareil tour à votre père et conté une telle menterie à votre père. *Sacrez votre camp* au plus vite.

Et ils se sauvirent de quelque bord et le garçon se marit avec sa belle petite fille qui avait été une petite jument et ils restirent avec les vieux et la belle *musique*.

La dernière nouvelle que j'en ai su, les deux vieux étiont morts et tout ça qui courait autour de la maison, c'était la *bouchure*. Ha ! ha ! ha !

## VI. Le capitaine et la jeune fille

Le type 506 B La princesse sauvée des mains des voleurs *auquel correspond le conte de M. Déveaux*[1] *a été enregistré treize fois au Canada dont six en Acadie. Ce récit est inconnu en France sous cette forme ; on lui préfère le type 506 A Jean de Calais. On retrouve le type 506 B surtout dans le nord de l'Europe.*

---

1. Communiqué en 1953 par Jean Z. Déveaux, âgé de 69 ans, du village Passchendale, comté de Cap-Breton, Nouvelle-Écosse. Conte type 506 B I (abrégé), II c, III, IV c (mouchoir).

# VI. Le capitaine et la jeune fille

Il y avait une fois un homme riche. Il avait une belle fille. Personne allait les voir et la fille avait pas grande chance à se faire un amoureux et elle trouvait le temps long.

Un jour, son père lui dit :

— Je vas engager un bateau et un capitaine et aussi des matelots. Je vas t'envoyer en promenade sur la mer pour un mois.

Bien, elle était bien aise d'y aller. *Toujours,* tout fut mis en *parage* pour partir ; mais avant de partir, le père dit au capitaine :

— Je la mets sous tes gardes et je veux que tu la ramènes aussi bien comme tu l'amènes, et à la fin du voyage tu pourras l'avoir pour ta femme.

— Oui, je vous le promets.

Ils furent pas partis longtemps qu'ils *attrapirent une tempête* qui défit leur bateau. Ils furent tous noyés à part de la jeune fille. Elle *s'adonnit* à tomber sur un des panneaux et la mer l'amenit à la *côte* d'une pauvre *endroit,* sur l'île des voleurs.

Toujours, elle savait pas où (est-)ce qu'elle était. Quand elle fut reposée, elle se mit à marcher à la garde de Dieu. Bientôt elle voit une maison. Elle fut là. C'était vers le soir et il y avait une petite clarté. Elle frappit à la porte et un homme la fit rentrer.

Une fois en dedans, elle regarde partout mais elle vut pas de femmes ; rien que sept hommes, des voleurs. Ils lui dirent qu'ils étiont des voleurs, puis là ils lui demandirent comment ça ce fait qu'elle était venue là. Là, elle leur contit son aventure.

Bien, le capitaine des voleurs lui dit :

— Tu vas me marier et tu resteras ici.

— Non, non, je veux pas te marier ni rester ici. Je veux m'en aller chez nous.

— Bien, tu peux pas t'en aller toute seule, et tu t'en iras pas non plus.

Ils la mirent dans une chambre et ils lui donnirent pas grand-chose à manger pour la *déconforter*, pour qu'elle changît d'idée et le marier. Mais elle changeait pas d'idée et le temps s'écoulait toujours.

Bientôt, voilà le mois passé et le bateau ne revenait pas. Le père de la fille dit à sa femme :

— Notre fille s'en vient pas vite. Il y a arrivé quelque chose.

Et il était pas *sans soins*. Un jour, il dit à sa femme :

— Je vas prendre un bateau et l'envoyer *en recherche* de notre fille.

Et il dit au capitaine :

— Si tu peux la ramener, tu pourras la marier.

— C'est bien. Si elle est encore en vie, je la trouverai.

Les voilà partis. Mais pas longtemps après, les voilà pris dans une tempête de vent et ils furent tous noyés à part du garçon du capitaine. Il se sauvit de la même manière que la fille. Il se trouvit sur la même côte où (est-)ce que la fille avait fait terre. Et il s'en va à la même maison. La porte était barrée, mais il pouvait voir qu'il restait quelqu'un là. Il se décidit *d'espérer* jusqu'au soir.

Le soir, il entend deux hommes qui arrivont.

— Oh ! bonsoir. Qui (est-)ce que tu es ?

— Je vous le dirai plus tard. J'ai une faim terrible. Laissez-moi rentrer.

Bien, ils rentrirent puis il leur dit qu'il était naufragé.

— J'étais à bord d'un bateau *et j'avons attrapé une grosse tempête.* Tout a été mis en pièces et je crois que je suis le seul de sauvé à bord.

— Oui, bien quoi (est-)ce qu'était ta mission sur l'eau ?

— Bien, j'étions des pirates sur la mer *et* sur la terre. Je suis un voleur.

— C'est-il pas drôle pareil ? Je sons sept voleurs ici et ça va en faire huit.

— Oui, bien, je peux-t-il rester avec vous autres ?

— Bien, oui, si tu es bon voleur, tu es bienvenu ici. Mais tu vas te reposer pour quelques jours. Nous autres, j'allons partir. Tu pourras nous faire à souper. *Je* serons pas ici pour dîner.

— C'est bien.

Les voilà tous partis et il reste tout seul. Il regarde partout. Bientôt, il entend quelqu'un qui se lamente et il suit le *plaint*. Bientôt il arrive à une porte d'où (est-)ce que le *plaint* sortait. Mais la porte était barrée. Il cria :

— Qui (est-)ce qui est là ?

— C'est moi, dit une voix de fille. Mais qui (est-)ce que tu es ?

— Un garçon. Mais toi, qui (est-)ce que tu es ?

— Je suis la fille du riche marchand.

— Mais comment ça se fait que tu es ici ?

Et elle lui conte son aventure et lui la sienne.

— C'est bien, dit le garçon, je vas te sortir d'ici mais pas à cette heure parce que tu es pas forte assez. Je vas bien te nourrir pour quelque temps pour que tu prennes des forces.

— Mais comment (est-)ce que tu vas faire ça ?

— Ne t'en fais pas de bile. Je suis plus fin que les voleurs.

La fille lui montre la petite porte où (est-)ce qu'il peut lui apporter du manger en cachette.

Pendant qu'il cherchait partout, il avait trouvé la cachette où (est-) ce que les voleurs cachiont l'or qu'ils voliont. Il en prend une belle pochée et il va la cacher dans le *bois*.

Une couple de jours après, il leur dit :

— Je veux aller à l'ouvrage moi aussi. Je suis bien à cette heure et le temps me *dure* d'aller faire du carnage.

— C'est bien, dit le capitaine de la bande ; demain j'allons tous y aller.

Le lendemain ils partirent. Un d'un bord, un de l'autre. Ils étiont jamais deux ensemble.

Il part un des premiers, et il va se cacher dans le *bois* pour voir quelle route qu'ils preniont, et quand ils furent tous partis pour une heure, il sort du *bois* et il va à la maison et il donne un bon déjeuner à la fille et un bon dîner et un bon souper. Il *prend le bois* avant que les autres s'en viennent. Quand il s'en vient, il faisait *gros* noir.

— Bien, dit le capitaine, quoi (est-)ce que tu as fait que tu arrives si tard ?

— Je crois que j'ai bien fait pour ma première journée.

Et il *aoueind* sa pochée d'or qu'il avait cachée dans le *bois*.

— Oh ! Oh ! oui, tu as bien fait. Va la mettre avec l'autre.

— Mais je sais pas où (est-)ce qu'elle est, l'autre.

104

— Ah, c'est vrai, j'ai oublié que tu étais étranger.

Et il fut lui montrer. Tout ce temps-là, il savait bien où (est-)ce qu'elle était, la cachette.

*Toujours,* ils se firent un souper puis ils furent se coucher tout de suite parce qu'ils étiont bien fatigués.

Pour trois ou quatre semaines, ça fut la même chose ; et la fille prenait de la force tout le temps. Mais le diable qui la soignait croyait pas qu'elle était bien nourrie de cachette. Aussi quand elle se sentit forte assez pour se mettre en route, elle dit au garçon :

— Je crois que demain j'allons nous mettre en route.

— C'est bien, si tu te sens forte assez, j'avons un long chemin à faire.

— Oui, je peux le faire.

Bien, après qu'ils furent tous partis, il va où (est-)ce que l'or était caché et il en prit une bonne pochée et il mit la porte en morceaux. La fille sortit de son trou et ils partirent.

Ils alliont aussi vite qu'ils pouviont parce qu'ils saviont que les voleurs alliont les poursuivre.

Bientôt, ils arrivirent à une maison où (est-)ce qu'il y avait une femme qui lavait dehors et comme ils étiont bien à bout, ils demandirent à la femme pour rester là la nuit.

— Bien, je suis bien pauvre et j'ai pas grand-chose à vous donner à manger.

— Oh ! ça fait rien, j'avons de quoi à manger avec nous autres. Je venons de chez les voleurs. J'étions en prison là et j'avons échappé. Ils allont arriver bientôt. Pourriez-vous nous cacher et leur dire que vous avez pas vu personne. Je vous paierai bien.

Bientôt il voit venir les voleurs. La vieille les fit aller à la cave et elle fermit la porte.

Tout d'un coup, trois voleurs arrivirent à la porte puis ils demandirent à la vieille si elle avait pas vu une fille puis un garçon.

— Non, elle dit, j'ai lavé dehors toute la journée et j'ai pas vu personne.

— Bien, ils dirent, ils avont pris l'autre chemin.

Et ils s'en retournirent.

Le garçon et la fille sortirent de la cave mais ils aviont vu un mort là. Le garçon dit :

— Comment ça se fait qu'il y a un mort là ?

— Bien, dit la vieille, c'est mon mari. Je suis trop pauvre pour le faire enterrer. Je l'ai mis là.

— Bien, dit le garçon, voilà de l'or *en masse*. Faisez (faites)-le enterrer et donnez-lui *une bonne enterrement*. Je pouvons pas rester plus longtemps. Faut que je partions.

Et les voilà partis. Ils aviont vu un bras d'eau à traverser et il y avait un canot qui traversait le monde.

*Toujours*, une fois l'autre bord, ils furent à une place où (est-)ce qu'il y avait des bateaux et le garçon demande aux hommes pour voir s'il y avait un bateau qui allait dans la direction du riche marchand.

— Pourquoi (est-)ce que vous voulez aller par là ?

— Bien, dit la fille, c'est mon père, et ce jeune homme-ici m'a sauvé la vie et je veux aller chez mon père pour que je pouvions nous marier.

— Bien, *j'adonne* bien. Je suis parti *en recherche pour* toi, voilà trois ou quatre jours. Comme ça, j'ai pas besoin d'aller plus loin. J'allons nous mettre en route pour chez vous.

« Il prend un cordage et il *s'amarre* et il *jompe* à l'eau pour attraper le bouquet. »

— C'est bien.

Mais comme le capitaine savait que celui-là qui ramenait la fille l'aurait en mariage, il se décidit qu'il allait faire *bâsir* le garçon de quelque façon. Il donnit un beau bouquet de fleurs à la fille, et elle était si fière qu'elle se promenait sur le pont avec son bouquet.

Après un *espelle*, le capitaine passait *au ras* la fille et il fit semblant de tomber. En même temps, il tapit sur le bouquet et voilà les fleurs à la mer.

— Oh ! dit le garçon, je vas les chercher. Il prend un cordage et il *s'amarre* et il *jompe* à l'eau pour attraper le bouquet. Le capitaine va là et il coupe le cordage et il le laissit aller sur les flots en pensant que le garçon allait se noyer.

La fille était bien désolée, mais le capitaine lui dit :

— C'est pas utile de *virer de bord* parce qu'il sera noyé avant que je peuve *revirer*.

*Toujours*, elle se contentit là, mais elle aimait pas cet homme-ici pour son mari.

*Toujours*, pendant que le garçon était à la mer, il voit bien venir un petit canot et il passe tout proche de lui et il crie :

— Je peux-t-il embarquer ?

Il dit ça trois fois, mais il trouvit le canot assez petit qu'il voulut pas embarquer. Deux minutes plus tard, voilà un autre canot qui s'en vient mais celui-ici était encore plus petit que le premier. Et il voulut pas embarquer.

Mais après quelque temps après, voilà encore un canot plus petit que les deux premiers. Il sautit dedans. Quand même que le canot était petit, il le portait *aisé* et il part comme un esprit. Dans une minute il était rendu au quai du père de la fille. Il saute sur le quai et un autre homme fait la même chose.

— D'où (est-)ce que tu *deviens* ?

— Bien, j'étais avec toi dans le canot.

— Avec moi dans le canot ? Mais le canot était trop petit pour nous deux !

— Non, parce que je suis un esprit. Tu te souviens que tu as donné de l'argent à une vieille pour faire enterrer son mari et lui faire chanter des messes ? Bien, c'est moi. Je t'ai vu dans le besoin et j'ai venu à ton secours et j'ai manqué te perdre, parce que tu voulais pas embarquer. Mais je suis bien aise que tu es ici. C'est le capitaine qui a tout fait ça. Il a donné les fleurs à la fille et il a tapé dessus pour qu'(elles) tombirent à la mer, parce qu'il savait que tu ferais des frais pour aller les chercher. Quand que tu as été à la mer, il a coupé le cordage pour que tu te noyis. Comme il te croit mort, tu vas lui jouer un tour. Il va être trois ou quatre jours avant d'arriver et tu vas aller à la maison et ils allont t'engager comme servant et (tu) pourras être là quand ils arriveront. Prends *une vieille habit* et va sur le quai et elle va te (re)connaître en te voyant et tu as un mouchoir qu'(elle) t'a donné. Bien fais semblant que tu es saoul et passe proche d'elle et échappe ce mouchoir-là et elle va le ramasser et son nom est dedans.

Bien, les voilà arrivés et il était là à les *espérer*. Le capitaine dit à la fille :

— Regarde ce mendiant-là, il est saoul.

La fille lui dit :

— Il t'a fait pas mal, ni à moi non plus.

110

Bientôt il *aoueind* le mouchoir et il l'échappe. La fille le ramasse. Le capitaine lui dit :

— Laisse ça là, une vieille *torche* de soûlard.

— Je pense, dit la fille, que ça te fait pas mal si je le ramasse.

Là, ils furent à la maison et qu'ils étiont donc bien aises de voir leur fille. Mais elle voulait pas marier le capitaine. Dans le même temps, le garçon travaillait là, mais elle avait pas de chance à lui parler. Et le temps s'écoulait toujours et ils prépariont pour la noce.

Une couple de jours avant la noce, le garçon rentrait du bois. La fille eut une chance de lui parler et elle lui donnit de l'argent et elle lui dit d'aller se faire raser parce qu'il avait déjà la barbe longue et elle lui dit d'aller s'acheter *une belle habit* et d'aller à l'église le lendemain, que c'était le mariage et elle lui dit d'aller se mettre dans un tel banc.

Dans ce temps-là, le père de la fille lui donnait une épingle. Elle était supposée de l'attacher sur le coin du gilet de son mari.

Quand la messe fut commencée, ils fermirent toutes les portes. Personne pouvait sortir qu'après la messe aux mariages.

*Toujours,* l'homme donne l'épingle à sa fille vers la fin de la messe et elle va la mettre sur le gilet du garçon. Tout le monde fut surpris de voir ça et son père lui dit :

— Quoi (est-)ce que tu penses faire ? C'est un affront à ton père.

— Oh ! non, mon père. C'est pas à vous que j'ai fait l'affront, c'est à lui. C'est pas lui qui m'a sauvé la vie, c'est ce jeune garçon-ici. Je venions tous les deux sur son bateau et il voulait sauver mes fleurs quand le capitaine a coupé le cordage pour le faire noyer et vous dire que c'était lui qui m'avait sauvé la vie. Mais il s'est pas noyé, il est ici et il va être mon mari. Je vous conterons tout notre *trouble* plus tard.

Le pauvre capitaine se lève de son banc et il *fait pour* la porte, mais il peut pas sortir. Et pour sa punition d'avoir fait tous ces frais pour avoir la fille, il fut écartelé, et déchiré par morceaux sur les lieux.

J'étais là ; j'avais sauvé une main pour me gratter le dos avec, et je l'ai perdue il y a deux ans.

## VII. *Pauvre garçon, bonne compagnie*

*Relevé quinze fois au Canada, le type 885\*\* Les enfants adoptés semble avoir été particulièrement apprécié en Acadie où dix versions ont été enregistrées. C'est plus que toute la diffusion mondiale de ce type, puisque le catalogue Aarne-Thompson n'en mentionne que quatre versions recueillies à la frontière de la Finlande et de la Suède. À l'exception du fait que les héros sont des écoliers plutôt que des enfants adoptés, le récit de M. Déveaux [1] ne s'écarte pas de la description donnée dans ce catalogue.*

*Le récit développe le thème de la fidélité que se vouent très tôt deux camarades de classe, un garçon et une fillette, en dépit des démarches hostiles des adultes qui les entourent. La clairvoyance et l'habileté de la fillette sauvera la vie de son jeune ami qui, après son exil, reviendra arracher un consentement à leur mariage par une ruse à sa façon.*

---

1. Communiqué en 1953 par Jean Z. Déveaux, âgé de 69 ans, du village Passchendale, comté de Cap-Breton, Nouvelle-Écosse.

# VII.  Pauvre garçon, bonne compagnie

Il y avait une fois un riche marchand. Ils aviont une petite fille et à la maison voisine ils étiont pas trop riches et ils aviont un petit garçon ; et quand ils vienrent (vinrent) en âge d'aller à l'école, ils alliont à l'école ensemble.

— Bien, dit le riche, à cette heure vous allez *prendre l'école* et aller ensemble et je veux pas qu'elle y a(i)lle sans toi et toi sans elle. Oublie pas ça.

— C'est bien, dirent les petits.

Et tout marchait bien et d'un an à l'autre ça grandissait et ça apprenait bien.

Après qu'ils vienrent (vinrent) un peu avancés à l'école, le garçon allait à tous les soirs avec la fille faire l'*école de maison*. Et tout allait bien.

Un soir, le riche fut regarder au trou de la clef du *room* où (est-)ce qu'ils alliont faire leur ouvrage de maison, comme on dit, leur *home-work*, et il vut que sa fille était assise sur les genoux du garçon. Il trouvit pas ça de son goût en tout parce qu'il voulait pas que sa fille vient en amour avec lui parce qu'il était un pauvre garçon.

Mais de ça qu'il avait vu, il en dit pas un mot. Mais quand ils partirent pour l'école le lendemain, il dit à sa fille :

— Tu diras au maître d'école qu'il vienne ici *de soir,* que j'ai besoin de lui parler.

— C'est bien, dit la fille.

Et ils se mettent en route. La fille dit au garçon :

— Quoi (est-)ce que mon père veut bien faire du maître d'école ? Il le connaît quasiment pas.

— Bien, dit le garçon, je vois pas non plus quoi (est-)ce qu'il aurait à lui dire.

— Bien, dit la fille, fais-toi-s'en pas de tristesse. Je pourrai te le dire demain.

*Toujours,* tout fut bien accompli et le soir voilà le maître d'école.

Il parle de toutes sortes de choses pendant que le garçon et la fille faisiont leur *home-work* et ça leur prit pas longtemps parce qu'ils vouliont donner une chance aux deux hommes à se parler tout seuls. Le garçon s'en va chez eux et la fille dit :

— Bonsoir, je vas me coucher.

Mais elle va pas se coucher. Elle va se cacher derrière un bureau où (est-)ce qu'elle savait qu'ils alliont aller conter leur secret. Oui, et bientôt les voilà.

— Bien, dit le père, je veux que tu faises (fasses) quelque chose pour moi et tu seras bien payé. Et voilà ce que je veux que tu faises (fasses) : hier *à soir,* je m'ai aperçu que le garçon faisait l'amour à ma fille et je le trouve trop pauvre pour marier ma fille et je veux le détruire de quelque façon et tu peux faire ça pour moi. Je vas te donner une bouteille de poison et tu le garderas après l'école et tu lui feras boire ce poison-là. Il mourra après quelques jours et personne en fera de cas et ma fille en sera débarrassée.

— C'est bien, dit le maître d'école.

— Tiens, voilà la bouteille. Bonsoir, à demain.

Il s'en retourne chez eux et le lendemain le garçon passe prendre la fille et les voilà en route pour l'école et comme le garçon *était en fièvre de* savoir quoi (est-)ce que le père voulait dire au maître d'école, il demande à la fille si elle a su le secret.

— Oui, je le sais. Mon père a donné une bouteille de poison au maître d'école pour t'empoisonner. Il s'a aperçu que je nous faisions l'amour et il trouve que tu es trop pauvre pour moi. Il a dit au maître d'école de te garder après l'école et te faire boire ce poison-là.

— Mais dis rien à personne de ça ici et fais pas mine que tu sais aucune chose. Quand le temps viendra, j'aurai bientôt arrangé ça. Laisse-moi faire.

La journée se passe comme de coutume.

Après l'école finie, tous sortent et il dit au garçon de rester, qu'il veut lui parler.

Ils s'en allont tous mais il voit que la fille a pas sorti. Il lui dit :

— Sors, toi aussi. Je veux parler au garçon tout seul.

— Bien, non. Je veux pas faire ça parce que mon père m'a dit de pas aller sans lui et lui sans moi.

— Oui, mais *de soir* tu peux aller sans lui.

— Oui, je peux, mais je m'en vas pas sans lui, et je sais pourquoi (est-)ce que tu veux le garder ici tout seul. Dans ton *desk,* tu as une bouteille de poison que mon père t'a donnée hier *à soir* pour l'empoisonner, mais tu peux la boire toi-même si tu veux ; *tant qu'*à lui, il la boit pas.

117

Le pauvre diable se trouve surpris. *Toujours,* il en dit pas plus et la fille et le garçon se mirent en route pour s'en venir.

— Bien, dit la fille, je crois que faut aussi bien que je dirions pas le mot à personne de ça ici parce que mon père sera dans une colère. Tiens, elle dit au garçon, voilà une bonne somme d'argent que j'ai pris(e) hier *à soir* après avoir entendu le secret à mon père. Je savais que c'était pas voler parce que c'était pour te sauver la vie. Et tiens, la voilà et il faut pas que tu t'en retournes chez vous. Va où (est-)ce qu'il y a des *bottes* et engage-toi et après quelque temps tu reviendras et je nous mettrons ensemble de quelque façon. Tiens, voilà mon portrait. Conserve-le bien et je vas t'*espérer.* XXX [1]. Au revoir.

Il prend l'argent et il part et elle s'en va et elle fait pas mine de rien.

Le temps se passe. Le garçon passe plus la prendre pour aller à l'école. Ils pensent qu'il est parti quelque bord, mais le riche croit bien qu'il est mort, quoique le maître d'école lui en parle pas en tout parce qu'il était trop bien aise de s'en *clargir* si *aisé.*

Et on revient au garçon.

Il va au plus proche port de mer et il s'engage dans un bateau et il part pour un long voyage et comme il était encore bien jeune, le capitaine le prend pour un *cabine-boy* et comme il a bonne école, après son ouvrage fait, il prend ses livres et il étudie tout le temps. Il prend le soleil et tous les airs de vent et il vient pas mal *smart.*

Un jour le capitaine va le surprendre pour voir quoi (est-)ce qu'il fait. Mais il avait un grand papier blanc plein de chiffres et d'affaires ; et

---

1. Trois baisers, ou des becs comme on dit en Acadie.

quand il aperçoit le capitaine, il attrape son papier et le *bouchonne* tout et il le garde dans sa main. Le capitaine lui demande quoi (est-)ce que c'est, ce papier-là qu'il a dans la main.

— Oh ! c'est rien. C'est pas montrable à un homme comme vous. Ça dit rien.

— Montre-moi ça.

Et il l'*épare* sur la table et le capitaine en fait le *lisage*. Après quelque temps, il lui dit :

— Oui, mon garçon, tu as bien raison. C'est pas montrable à un homme comme moi. Si je pouvais en faire un pareil, je me croirais le plus *smart* du monde. Demain tu vas prendre le soleil et tu me diras quelle heure qu'il est.

— C'est bien.

Il serre tous ses papiers et il fait pas d'autre chose. Mais le lendemain il prend le soleil et il dit au capitaine, juste à la minute, l'heure qu'il était et, tout de suite, il le met premier second avec des bonnes *gages*.

Après quelques jours, il arrive à un port et il écrit à la fille. Mais il peut pas lui donner d'adresse parce qu'il connaît rien ni qu'il sait comment longtemps qu'ils allont rester là.

*Toujours*, elle savait qu'il était en vie et bien.

Ce voyage-là durit trois ans parce que ce bateau-là faisait pas le trajet de par chez eux. C'était toujours dans les îles au loin. Mais le temps lui *durait* de s'en aller.

Un jour, le bateau vient proche de son pays. Quand il fut au quai, il va dans sa chambre et il se rase et s'habille du *best*. Le capitaine lui dit :

— Où (est-)ce que tu pars pour aller ?

— Bien, mon capitaine, je m'en vas dans mon petit village. Vous pouvez donner ma place au second maître. Moi, j'ai fini. J'ai une belle fille qui m'*espère* depuis longtemps. Je vas m'en aller lui faire son bonheur ou son malheur.

— Bien, mon garçon, je regrette bien de te voir partir, mais je peux pas t'arrêter. Au revoir.

— Je l'*espère*.

Il prend ses choses, et par là ! Il arrive dans son village. Il va chez le docteur et il lui dit qui (est-)ce qu'est son père et fait connaissance avec le docteur et lui dit la nouvelle *en égard* de la fille.

— Et je vas lui envoyer un mot d'écrit pour lui dire que je suis dans le village et que j'allons nous marier *de secret* de son père et je veux que tu arranges les affaires pour moi. Je vas dire à la fille qu'elle se compte malade et ils allont envoyer pour toi. Tu vas aller là, sur le soir et tu rouvriras le *châssis* de sa chambre et tu l'*amarreras* avec des draps du lit et tu me l'enverras. Je serai là avec une *carrosse* pour la recevoir et descends-la en bas et dis au vieux de pas la déranger en tout avant demain à midi, que tu viendras la voir et ça me donnera du temps assez à nous arranger, parce que c'est pas l'argent qui manque. J'en ai *en masse* et tu seras bien récompensé de ton *trouble*.

*Toujours,* tout marche au parfait. Vers dix heures, une *grosse carrosse* qui arrive à la maison. Ils descendirent et l'homme les fit rentrer et il les connut point en tout.

Sa fille avait un gros voile devant la face et une *habit* étrangère que son père avait jamais vue.

— Bien, il dit, quoi (est-)ce que je peux faire pour vous autres ?

— Bien, dit le garçon, je partons pour aller nous marier. Êtes-vous

« Êtes-vous *content* que je prenne cette fille-ici pour ma femme ? »

*content* que je prenne cette fille-ici pour ma femme ?

— Bien, oui. Moi, c'est pas de mon affaire.

— C'est très bien. Et de plus, auriez-vous pas la bonté de venir nous servir de père ?

— Oui, oui, mon plaisir.

Et comme la voiture avait deux sièges, il *embarque,* lui et la vieille et ça va à l'église. Ils se marient et après le mariage il va mener le vieux et la vieille et ils descendont tous les quatre et ils rentront. Ils parlont un *espelle.* Le vieux dit :

— J'aimerais de voir ta face. Elle est-elle belle ?

Elle retire son voile.

— Quoi, ma fille ? Tu m'as volé ma fille !

— Non, non, pas en tout. Je vous ai demandé si vous étiez *content* que je marie cette fille-ici et vous m'avez dit : «Oui, oui, bien sûr »

— Mais je savais pas que c'était ma fille !

— Bien, si vous connaissez pas vos enfants, moi, c'est pas de ma faute.

Oh ! il vient dans une passe abominable. Le garçon lui dit :

— Vous avez pas connu votre fille et vous m'avez pas connu non plus. Je suis le garçon que vous avez fait empoisonner par le maître d'école. Vous vouliez pas que je marie votre fille, mais malgré toute votre bonne idée, j'en avions une meilleure que vous. Et votre fille est ma femme et il faut que vous en soyez bien *content* si vous voulez pas aller aux galères, vous et le maître d'école.

Mais il en fut bien *content* et il en fut pas plus loin. Et de là, le jeune fut voir ses parents.

Qu'ils étiont donc bien aises de le revoir.

Ils restirent quelque temps chez son père pendant qu'ils lui faisiont une maison neuve. Et après la maison finie, ils s'en furent dans leur maison et ils vivirent aussi bien que le père de la fille parce qu'il était autant et plus riche que lui.

La dernière nouvelle que j'en ai sue, ils aviont trois enfants et ils étiont pleins de santé. Au revoir.

## VIII.  L'étoile d'or

Du conte type 930 La prophétie, qui compose la première partie de ce récit[1], dix versions ont été retrouvées au Canada, et du type 461 Les trois poils du diable, qui le continue et le termine, seize versions ont été signalées. Comme ici, ces deux contes types sont juxtaposés dans la plupart des versions canadiennes.

Cette combinaison, déjà remarquée en France où quatre des quinze variantes répertoriées la contiennent[2], est également répandue par toute l'Europe, en Asie et en Afrique.

Le lecteur remarquera que deux des épisodes du conte de M. Déveaux rappellent des passages de la Bible : l'enfant abandonné dans une boîte lancée à la mer qui évoque l'histoire de Moïse sauvé des eaux du Nil (Exode 2, 1-11) et la lettre du roi dont le porteur doit mourir qui s'apparente à la lettre donnée par David à Urie pour le faire périr (2 Samuel 11, 14-15).

---

1. Communiqué en 1953 par Jean Z. Déveaux, âgé de 69 ans, du village Passchendale, comté de Cap-Breton, Nouvelle-Écosse. Conte type 930 Ia, II a, b, c, III a, b, IV b, 461 I, II a, III a, b, IV a, c, d, d1, d2, d4, e, V, VI a, b.
2. Paul Delarue et Marie-Louise Tenèze, *Le conte populaire français II,* Paris, G.-P. Maisonneuve et Larose, 1964.

# VIII. L'étoile d'or

Il y avait une fois un homme et une femme qui étiont riches. Ils aviont une fille qui avait une étoile d'or sur un bras et le riche dit que s'il y avait un garçon né dans le monde avec une pareille étoile, qu'il le marierait avec sa fille.

L'année après, une femme eut un petit garçon avec une étoile d'or sur un bras. Le temps s'écoulait mais la vieille osait pas dire le mot *en égard* de son garçon avec l'étoile d'or parce qu'elle était trop pauvre pour que le riche consentît à le marier avec sa fille.

Après quelque temps, le secret de l'étoile du garçon fut porté au riche mais ça lui fit pas plaisir de voir qu'il était obligé de marier sa fille avec un si pauvre garçon. Mais comme ils étiont bien pauvres, il se dit en lui-même :

— Je le ferai *agoter* et je le ferai *bâsir* de quelque façon.

Bien, il se résoud d'aller voir le pauvre pour acheter le petit garçon. Tu peux croire que ça leur faisait de la peine, mais comme ils étiont dans la misère, ils ont consenti de le vendre. Le riche leur dit qu'ils seriont bien regardés pour le reste de leur vie, qu'ils seriont plus pauvres, et il emportit l'enfant chez eux.

Il fit faire une boîte avec des trous dans le *couvert* pour lui donner de l'air. Il mit un *lotte* de *butin* dans la boîte, puis après ça il fit mettre l'enfant dedans et il fut mettre la boîte dans la rivière pour que l'enfant fût amené à la grande mer par le courant.

Mais à l'autre bout de la rivière, il y avait un moulin (à farine) et le lendemain l'homme s'en va à son moulin et il voit une boîte dans la *chausse* du moulin. Il se dit en lui-même :

— Quoi (est-)ce qu'il peut (y) avoir dans cette boîte-ici ?

Il fut la chercher et en rouvrant la boîte, il vut un beau petit garçon qui se faisait rire. Il laissit la boîte là et il court à la maison montrer sa trouvaille à sa femme. Mais elle voulait pas le croire ; elle croyait pas qu'il avait trouvé ça dans une boîte à son moulin. Elle dit :

— Ça, c'est un beau tour que tu as fait avec quelque fille puis ils avont venu te porter l'enfant.

— Non, non, il dit, je vas aller chercher la boîte.

Et quand elle vut la boîte, elle fut bien obligée de le croire. Elle regardit le *butin* qu'il y avait dans la boîte puis elle dit à son homme :

— C'est du monde de bien qui avont mis l'enfant dans cette boîte-ici, parce que c'est tout du beau *butin* neuf.

— Bien, quoi (est-)ce que tu vas faire ? dit son mari.

— Je vas le garder. J'ai pas d'enfants, ça me fera une bonne compagnie et je l'élèverai.

Comme le riche pensait plus à l'enfant, le temps s'écoule et c'est pas avant douze ans qu'il apprit que l'enfant avec l'étoile d'or était encore vivant, et qu'il restait avec le meunier.

Pour avoir des informations au sûr si c'était lui, il fut voir le meunier par un beau jour. Comme l'homme du moulin savait pas que c'était lui qui avait mis l'enfant dans la boîte, il lui contit l'histoire de la boîte qu'il avait trouvée à son moulin avec l'enfant dedans.

Là, le riche vut tout de suite que c'était le pauvre garçon avec l'étoile

« Il mit un *lotte* de *butin* dans la boîte, puis après ça il fit mettre l'enfant dedans et il fut mettre la boîte dans la rivière pour que l'enfant fût amené à la grande mer par le courant. »

d'or. Mais comment (est-)ce qu'il pourrait s'y prendre pour le tuer ou le faire tuer ?

— Bien, il dit à l'homme, j'ai fait une grosse *oubli* avant de partir de chez nous. Il y a quelque chose de grande importance que je comptais dire à ma femme et je l'ai mis en oubli, et faudrait qu'elle (le) saurait tout de suite.

— Bien, dit le pauvre meunier, si le jeune-ici savait la route, il pourrait aller porter le message.

— Bien, dit le riche, la route, elle est tout aisée à suivre.

Il écrit sa note comme ça : «Fais tuer l'enfant aussitôt qu'il sera rendu à la maison. » Il mit le message dans une enveloppe puis il la donnit au garçon en lui montrant la route aussi juste qu'il peut.

Comme il était tard dans l'après-midi, il fut pas loin qu'il faisait sombre dans le *bois*. Bientôt, il fit *gros* noir dans le *bois* et il pouvait à peine voir la route. Après un *espelle,* il vut une clarté. Il dit : «Bien, que je suis bien aise, je *suis à bout,* je vas rentrer ici me reposer. »

Il rentre là. Une femme seule, toute seule.

— Bonsoir, mon garçon. D'où (est-)ce que tu viens ?

— Je viens du moulin et je suis en route pour aller chez l'homme riche.

— Bien, mon cher, tu peux pas rester ici bien longtemps parce que je suis gardienne de sept voleurs, et quand ils allont arriver, ils t'auront la vie.

— Bien, je *suis* trop *à bout* pour aller plus loin. Je peux aussi bien mourir ici que sur la route.

Il restit là et bientôt les voleurs arrivirent.

— Oh ! un étranger, hein ?

— Il vient du moulin, dit la femme, et il va porter une lettre au riche qui était chez eux ; il lui a donné une lettre pour qu'il fût la porter à sa femme. Il a manqué la route et il a vu la clarté puis il est venu ici.

Bien, ils lui donnirent à souper puis les voleurs lui *demandirent pour* la lettre. Ils vurent quoi (est-)ce que ça disait puis ils la mirent au feu. Ils en firent une autre en écrivant : « Marie ce garçon-ici avec notre fille aussitôt qu'il sera rendu. »

Ils gardirent bien le garçon durant la nuit puis le lendemain matin les voleurs lui donnirent un bon déjeuner. Après ça, un des sept voleurs lui donnit la lettre et il fut le conduire à quelques *verges* de la maison.

Il arrivit là tout essoufflé et il dit à la femme :

— Votre mari m'a donné une lettre pour vous, la voilà.

Elle lit la lettre puis elle fit *gréer* sa fille puis lui aussi. Après ça, elle les fit marier tout de suite.

Une fois qu'une couple de jours furent passés, le riche arrivit, puis il vut le garçon là. Il regardit sa femme de travers et il la fit passer dans une chambre et il lui dit :

— Comment ça se fait qu'il est ici ce garçon-là ?

Elle répondit :

— Bien, il m'a emporté une lettre que tu lui as donnée en me disant de le marier avec notre fille aussitôt qu'il serait venu.

— Hein ! il y a pas d'apparence que j'ai fait une si grande faute.

— Bien, tu l'as fait(e) ; et ils sont mariés.

Vous pouvez bien croire qu'il allait pas dire que sa lettre avait été changée. Mais pour ça le bonhomme n'aimait pas ça. Il allait le faire *bâsir* de quelque façon un jour.

Par un bon jour il lui dit :

— *All right,* ça me coûte *toujours* rien. Il y a un géant qui reste sur une *montain* puis il a trois brins de cheveux en or sur la tête. J'aimerais que tu pourrais aller me les chercher.

Le jeune lui dit :

— *O.K.,* ça me fait rien, je peux *toujours* l'essayer.

Le riche lui *donnit la route* puis le voilà parti.

Bientôt il trouve une barrière et il y avait un homme là qui lui dit :

— Tu peux pas passer ici avant que tu me dises quoi faire pour que mon pommier à pommes d'or *amène* des pommes, voilà deux ans qu'il *amène* rien.

— Bien, laisse-moi passer, puis en m'en revenant je pourrai te le dire.

— C'est bien.

Le gardien le laissit passer, mais encore un petit bout plus loin il vut une autre barrière puis un autre gardien. Le gardien dit :

— Tu peux pas passer ici avant que tu me dises comment ça se fait que ma source a tari.

Le garçon lui dit :

— Je peux pas vous le dire à cette heure, mais en m'en revenant, je vous le dirai.

— C'est bien, dit l'homme.

Et il le laissit passer.

Mais quand il fut rendu à quelque distance, il arrivit à une rivière. C'était la seule affaire qui l'empêchait de se rendre au géant.

Il y avait un homme là avec un canot pour traverser d'un bord à l'autre. Mais cet homme en traversait plus. Il *était à bout.* Il se mit dans

133

l'idée qu'il traverserait pas avant que quelqu'un pourrait lui dire comment (est-)ce qu'il pouvait se débarrasser de cette *job*-là. Il contit son histoire au garçon et le garçon lui dit :

— Bien, traverse-moi, puis en m'en revenant je te dirai comment t'en débarrasser.

— *O.K.*

Il le laissit passer.

Pas beaucoup plus loin, le jeune voit une maison ; la maison du géant. Il fut à la porte. Une femme le laisse rentrer. Elle était toute seule, puis elle dit au garçon :

— Sauve-toi d'ici parce que je suis la gardienne d'un géant puis il va s'en venir bientôt. Il te mangera pour sûr.

Le garçon lui dit :

— Non, madame, je suis venu ici pour avoir les trois brins de cheveux d'or qu'il a sur la tête et c'est vous qui allez faire l'ouvrage pour moi.

Et il contit l'histoire *en égard* des hommes aux barrières et ils firent un arrangement pour faire conter l'histoire au géant parce qu'il savait tout. *Toujours,* elle se résoudit de le cacher dans une grande boîte qu'elle avait pour mettre son pain.

Bien, *anyway,* elle le mit là ; puis pas longtemps après, voilà le géant qui arrive.

— Oh ! Oh ! il dit, il y a de la viande fraîche ici ?

— Non, dit la vieille, qui (est-)ce que tu crois qui viendrait ici ? J'ai achevé de tirer un pain ; c'est ça que tu *éventes.*

*Toujours,* le géant en dit pas plus. Après qu'il eut soupé, la femme lui dit :

— Voilà deux jours que je te vois te gratter la tête, viens ici que je regarde ça.

Le géant va se mettre la tête sur ses genoux puis elle fait semblant de *chercher pour* des poux. Le géant s'endormit. La vieille, elle, elle prit une bonne *grippe* sur le cheveu d'or puis elle donnit un coup si fort qu'elle arrachit le cheveu. En même temps, le géant se réveillit puis il dit :

— Quoi (est-)ce que tu essayes de faire, m'arracher la tête ?

— Mon doux, la vieille dit, tu as des poux aussi gros que des chiens.

*Toujours,* la vieille arrachit les trois cheveux. Au dernier, le géant *se tira debout* puis il dit :

— Mais eh ! tu vas me défaire la tête !

Mais la femme s'en gênait point ; elle avait les trois cheveux. Là ils se mirent à parler de toutes sortes d'affaires et elle dit [1] :

— Toi qui sais tout, tu devrais me dire comment ça se fait qu'il y a un homme qui traverse le monde à travers la rivière puis il peut pas se débarrasser de sa *job.*

Le géant dit :

— Ça vaut pas la peine que je te le dise. Ça te fait rien.

— Non, dit la vieille, mais ça ferait passer une partie de la soirée.

Le géant dit :

— Je vas te le dire. Il pourrait se débarrasser de sa *job* en donnant les avirons à son passager. Une fois rendu à l'autre côté, il a rien que besoin de *jomper* à terre le premier, et là dire au passager en poussant le canot que c'était son tour à cette heure de traverser le monde.

---

1. Ici le conteur a mêlé l'ordre, nous avons rectifié.

Ensuite la femme lui dit :

— Puis, plus loin sur l'autre bord de la rivière il y a un autre homme que sa source a tari, comment ça se fait ?

— Bien, dit le géant, c'est une grande roche plate qui bouche sa source. S'il peut casser la roche, il aura de l'eau *en masse*.

Après ça la femme lui dit :

— Encore plus loin, il y a un autre homme qui avait un pommier à pommes d'or. À cette heure, il vient plus de pommes, comment ça se fait ?

— Bien, dit le géant, il y a une petite souris rouge qui ronge toutes les petites racines sous son arbre puis ça fait tort à l'arbre. S'il peut attraper la souris, son arbre produira des pommes.

Le géant s'endormit, la bonne femme aussi. Le jeune garçon, lui, il avait tout entendu et ça fut pas longtemps avant qu'il s'endormît aussi.

Le lendemain matin, le géant se levit puis, après un petit déjeuner, il dit au revoir à la femme.

Après qu'il fut parti pour une heure, le petit garçon sortit de la boîte. La femme lui fit à déjeuner puis elle lui donnit les trois brins de cheveux d'or en lui disant :

— Je pense que tu as entendu ça que le géant m'a dit ?

— Oui madame, j'ai tout entendu. Merci, au revoir.

Puis le voilà parti.

Il se rend au canot où (est-)ce que l'homme l'*espère*.

— Bien, te voilà. Peux-tu me dire comment (est-)ce que je peux me débarrasser de ce canot-ici ?

— Oui, monsieur, dit le jeune, je peux vous le dire, mais il faut que vous faisiez (fassiez) attention à ça que je vas vous dire. C'est que faut que vous disiez à votre passager de *nager le canot*, et en arrivant à l'autre bord, faut que vous sautiez à terre en disant ces mots : «Bien, *nage* à ton tour. »

Le garçon lui dit encore à qui (est-)ce qu'il devait donner le canot ; c'était à son beau-père. Il lui donnit sa description droit là.

— Mon beau-père m'avait envoyé pour être dévoré par le géant.

Le jeune prit son chemin puis avant bien des minutes il arrivit à la barrière de l'homme qui avait pas d'eau dans sa source. L'homme dit :

— Bien, as-tu une réponse ?

Le garçon lui dit qu'il y avait une grosse roche plate sur sa source, et que s'il pouvait casser cette roche-là, qu'il aurait de l'eau *en masse*. Bien, le gardien fit ça tout de suite puis à sa surprise il y avait de l'eau *en masse*. Il donnit trois mules chargées d'or au jeune homme comme récompense.

Quand le jeune homme arrivit à l'autre barrière, ça fut la même chose. Le gardien tuit la petite souris rouge qui rongeait les racines puis dans peu de temps il y avait des pommes *en masse*. Ce gardien-ici aussi lui donnit trois mules chargées d'or. Là, il se mit en route pour la maison, heureux comme un roi.

Il arrivit chez eux à la *noirâtre* puis il *chavirit* l'or *au ras* la maison avant de mettre les mules dans la grange. Après ça, il rentre dans la maison sans faire de *train* et il va se coucher.

Le lendemain matin, le vieux se réveille, le soleil tapait en plein sur l'or et ça faisait mal aux yeux. Il se levit et fut transporté de voir quel gros *pilot* d'or qu'il y avait là *au ras* la maison. Quand il fut dans la chambre du garçon, il s'aperçut qu'il était endormi.

Plus tard, le garçon se levit puis il donnit les trois brins de cheveux au vieux. Le vieux était tout étonné de voir tant d'or. Il demandit au jeune où (est-)ce qu'il pourrait trouver de l'or comme ça.

— Bien, dit le garçon, la *montain* en est pleine. Il y a de l'or pour les fous et les sages.

— Mais, le vieux lui dit, comment (est-)ce que tu t'y as pris pour emporter tout cet or-là ?

— Bien, j'ai emprunté six mules et (elles) sont dans la grange à cette heure.

Le vieux, lui, qui aimait bien l'or se décidit d'aller en chercher lui-même le lendemain.

Il partit et il eut pas de peine à passer les barrières parce que les gardiens étiont tous *contents*. Mais quand il arrivit à la rivière, c'était une autre histoire. Le gardien qui traversait le monde *à travers* de la rivière lui jouit son petit tour et le vieux fut obligé de prendre sa place.

Puis le vieux *nage* encore *ce canot*-là s'il s'a pas noyé depuis.

## IX. L'enfant et le fusil

Ce dernier conte de M. Déveaux[1] appartient au groupe des Contes liés au destin (A.T. 930-949), mais sa description n'apparaît pas dans le classement international d'Aarne-Thompson. De plus, il semblerait que ce soit la seule version qu'on ait retracée au Canada.

Un enfant qui croit avoir tué son petit frère s'enfuit de la maison et veut se suicider. Sauvé, il fait fortune et est retrouvé par son jeune frère au moyen de portraits.

---

1. Communiqué en 1953 par Jean Z. Déveaux, âgé de 69 ans, du village Passchendale, comté de Cap-Breton, Nouvelle-Écosse.

# IX. L'enfant et le fusil

Il y avait une fois un homme et une femme qui aviont deux garçons : un de huit à neuf ans et l'autre était tout petit dans le berceau. Comme le plus grand était un peu plus intelligent, son père lui avait acheté un fusil ; comme ils restiont proche de la forêt, après l'école il allait faire un tour de chasse avec son petit fusil.

Un jour, il se lève de beau matin sans faire de *train*. Il mange une bouchée de pain et il va prendre son fusil qui était *pendrillé* sur un soliveau. Mais le berceau du *baby* était juste en ligne du fusil et en prenant le fusil, il l'échappe et le fusil tombe sur le *baby* et comme il attrape une grande peur, il regardit pas s'il avait *tapé* le *baby* ou pas. Il laisse le fusil là et il prend la fuite avec l'idée qu'il avait tué le *baby*. Mais le fusil avait tombé sur le berceau ; il avait pas touché au *baby*.

*Toujours*, quand le père et la mère se levirent, le fusil était sur le berceau mais le garçon était parti. Ils firent des recherches, mais ils le trouvirent pas.

*Toujours*, il était parti à la garde de Dieu en travers du *bois*. Mais après quelque temps, il arrive à un village. La mer était tout proche et il avait dans son idée de se coucher sur le bord d'un gros cap, puis une fois endormi il tomberait en bas. Il voulait se tuer d'une telle façon, car il pensait qu'il avait tué son petit frère.

Dans la nuit, il passit un homme qui fut à lui et qui lui dit :

— Quoi (est-)ce que tu fais ici, couché sur le bord d'un gros cap ?

141

— Bien, je voulais me tuer. Je pensais qu'en dormant, je tomberais en bas.

— Bien, dit l'homme, pourquoi (est-)ce que tu voulais te tuer, toi, un petit garçon ?

— Bien, il dit, crois-tu que je ressemble (à) un meurtrier ?

— Non, pas en tout, dit l'homme.

— Bien, j'en suis un : j'ai tué mon petit frère.

Et le garçon lui conte l'histoire du fusil.

— Bien, dit l'homme, tu peux pas dire si tu l'as tué parce que tu as pas regardé. Oublie ça, puis va-t'en chez vous.

Mais il pouvait pas oublier. Il part du cap et il marche une bonne distance. Bientôt, il arrive à une croisée de chemins. Il se couchit sur le chemin pour se faire tuer s'il venait quelque charrette ou un cheval. Bientôt il voit venir une *team* à deux (chevaux). Il fait semblant de dormir. Mais l'homme le voit avant de lui passer sur le corps. Il descendit et il dit au garçon :

— Pourquoi (est-)ce que tu es couché sur le chemin ? Il y a de la place *en masse* ailleurs.

Le garçon lui dit la même histoire qu'il avait dite à l'autre homme. Cet homme-ici lui dit de s'en aller et d'oublier.

— Viens avec moi, car tu es trop petit pour mourir comme ça.

*Toujours*, il va avec lui. Cet homme-là avait une belle fille à peu près de son âge. Après un temps, il oubliit son petit frère qu'il pensait qu'il avait tué.

Le temps s'écoula et bien vite il devient un homme et il *vient en amour* avec la fille. Deux mois plus tard, il se marie. Trois mois plus tard,

« C'était le portrait de leur maison et il le regardit longtemps. Les larmes lui couliont sur la face. »

la vieille moure (meurt) ; un mois après, le vieux moure (meurt). Bien ils restirent tout seuls, tous les deux avec toute la ferme et la maison.

Mais après les vieux morts, la femme *trouvait plus son centre* dans la maison et l'homme non plus. Il *trouvait plus son centre* en tout. Son idée était de tout vendre puis s'en aller s'établir ailleurs. Mais il voulait pas en parler à sa femme car c'était son logis de naissance et il avait peur qu'elle trouvît ça trop dur de laisser sa place de naissance.

Le temps s'écoule et ils étiont tous les deux dans la tristesse. Bien un jour, la femme se résoud de dire à son *homme* qu'elle se plaisait pas dans la maison, qu'elle serait bien aise s'il pouvait vendre et aller ailleurs.

— Bien, il dit à sa femme, ma chère, il y a bien longtemps que j'ai ça dans l'idée, mais je voulais pas t'en parler, de peur de te causer trop de tristesse de laisser ta place native.

— Non, dit-elle, tant plus tôt, tant meilleur.

Et la semaine d'après, il avait tout vendu, et ils furent dans un petit village où (est-)ce qu'il y avait un *lotte* de maisons. Là ils se firent un restaurant et ils aviont un *lotte* de monde, et ils étiont bien plus heureux.

Et pendant tout ce temps-ici, le petit, qu'il pensait qu'il avait tué, grandissait. Un jour, il dit à sa mère :

— Je suis tout seul d'enfant ; j'ai-t-il pas ni frère ni sœur ?

— Oui, dit la mère, tu as un frère mais il est parti ça fait bien des années et je sais pas où (est-)ce qu'il est.

Elle conte l'histoire du fusil, et tout de suite il se résoud d'aller le trouver. Il va à la *shop* puis il s'achète un *camera*. Il va partout prendre des portraits. Les premiers, ça fut des portraits de sa mère et de son père. Après ça, il prit des portraits de la maison et de la grange. Avec ça, il part en recherche de son frère.

145

Après quelque temps, il arrive sur son frère, mais ils étiont bien loin de croire qu'ils étiont deux frères. *Toujours,* après le souper, il dit à l'homme du restaurant :

— Aimerais-tu voir des portraits ? J'en ai *en masse* de toutes sortes.

— Bien oui, *aoueinds*-les. Ça fera passer le temps.

Mais le premier portrait qu'il regarde, c'est le portrait de leur grange. Il regardit ce portrait-là longtemps, puis l'autre lui dit :

— Comment ça se fait que tu regardes ce portrait-là si longtemps ? C'est rien que notre grange.

Il mit le portrait sur la table la face en bas et il prend un autre portrait ; c'était le portrait de leur maison et il le regardit longtemps. Les larmes lui couliont sur la face.

— Mais pourquoi (est-)ce que tu es triste ? C'est rien que le portrait de notre maison puis voilà le portrait à mon père et à ma mère.

Il braille à cette heure, l'homme du restaurant, et il dit :

— C'est le portrait à mon père et à ma mère aussi.

— Bien, comme ça, je sons deux frères, il faut bien croire.

— Mais j'avais un petit frère et je l'ai tué.

— Non, tu l'as pas tué, parce que c'est moi. Ma mère m'a conté l'histoire *en égard* du fusil et quand j'ai venu grand assez, je m'ai mis *en recherche pour* te trouver avec des portraits et voilà que je t'ai trouvé.

Vous pouvez croire que la nuit fut pas longue, et comme son frère avait une grosse maison, il fut pas loin. Il restit avec lui.

Le lendemain, il fut voir chez eux pour voir si son père et sa mère viviont encore, mais ils étions morts tous les deux. Ils s'en retournirent et il se marie avec une belle fille du village. Son frère lui donnit une *job,* puis tous les deux, ils furent heureux pour le reste de leurs jours. La dernière nouvelle que j'en ai sue, ils viviont encore.

# Contes
# de Marcellin Haché

## Présentation du conteur

Pendant l'été de 1951, nous sommes allé faire une enquête sur le conte populaire à Chéticamp. Les gens nous ont suggéré d'aller voir « Marcellin à Cyrille », le meilleur conteur d'histoires de la région. Monsieur Haché était alors âgé de soixante-douze ans et encore très actif.

Il est né à Chéticamp en 1879 et, dès l'âge de quatorze ans, il devait s'adonner à la pêche. Plus tard, il devint bûcheron dans les chantiers forestiers de Sainte-Anne au Cap-Breton. Après un séjour de quelques années à Halifax où il apprit le métier de menuisier, il est revenu à Chéticamp où il a continué ce travail jusqu'à sa retraite. Monsieur Haché est décédé le 22 mai 1974.

Il nous a donné sur un ruban magnétique le conte Les trois voleurs et deux autres contes du genre fabliau. En 1957, nous avons recueilli de lui, de la même façon, deux contes merveilleux, L'oiseau de la vérité et La princesse aux cheveux d'or, les numéros XI et XII de cette collection. Voici les contes de M. Haché :

X.      LES TROIS VOLEURS
XI.     L'OISEAU DE LA VÉRITÉ
XII.    LA PRINCESSE AUX CHEVEUX D'OR

## X. *Les trois voleurs*

*M. Haché nous raconte ici sa variante du conte type 1525 A Le maître voleur* [1]. *Relevé à 58 reprises au Canada dont 13 en Acadie, ce type est peu connu ailleurs en Amérique. Rare en Asie, on le retrouve dans toute l'Europe ; parmi les plus importantes collections, l'Irlande en compte 479 versions, la Finlande 235 et la Lithuanie 97.*

*Ce récit met en scène un roi qui croit se débarrasser du fin voleur en le mettant rapidement à l'épreuve. Par trois fois, Tit-Jean triomphe : d'abord, en se déguisant en truie pour voler les pains du roi, puis en missionnaire pour lui voler son meilleur cheval, et enfin en ange Gabriel pour rafler les cinq mille dollars du curé. Le roi réussit finalement à obtenir la paix contre une rançon de cinq mille autres dollars et en donnant sa fille en mariage au héros.*

---

I. Conté en 1951 par Marcellin Haché, né en 1879, de Chéticamp, comté d'Inverness, Cap-Breton, Nouvelle-Écosse. Conte type 1525 A I b, II (vol du pain, en truie ; du cheval, en prêtre ; de l'argent du curé), IV (archange Gabriel ; monte le curé au ciel dans une boîte et un chariot).

# X. Les trois voleurs

C'était une vieille qui avait trois garçons. Le plus vieux s'appelait Henri, le deuxième s'appelait Georges, puis le troisième s'appelait Jean. À cause qu'il était le plus jeune, ils l'appeliont Petit-Jean. Ils étiont pauvres puis ils viviont à la charité.

Une matinée, ils dirent à leur mère :

— On va partir demain matin puis on va aller faire notre vie, nous autres.

Bien leur mère leur souhaitit *goodbye*, puis ils partirent pour aller faire leur vie.

Ils marchiont dans un chemin, pas rien. Tout d'un coup, ils se trouvirent avec trois chemins : un qui filait droit devant eux, puis un autre à gauche, puis un autre à droite. Le plus jeune, il parlit lui, Petit-Jean. Il dit :

— Quoi (est-)ce que j'allons faire ? J'allons-t-il continuer dans le même chemin, ou si j'allons nous séparer ?

— Bien, ses deux frères lui dirent, toi, tu es le plus jeune, j'allons prendre tes avis.

— Bien, il dit, moi, mon avis serait que vous prendriez un (chemin) à ma gauche et un à ma droite et au bout d'un an et un jour, que je soyons de retour ici, pour voir si j'aurions fait du progrès.

Ils souhaitirent leur *goodbye* puis les voilà partis. Henri, lui, il fut pas bien loin, puis il trouvit un village où (est-)ce qu'ils travailliont à la charpenterie. Il prit le métier de charpentier. Bien, c'était pas tant pire.

Puis Georges, lui, dans le village qu'il frappit, il y a un homme qui travaillait dans une forge. Il l'engagit puis il prit son *trade* de forgeron. Puis Petit-Jean, lui, il marchit toute la sainte journée sans rien trouver. Mais le soir quand la nuit fut faite, il voyait une clarté à peu près trois *milles* d'où (est-)ce qu'il était. Il se rendit là.

Une grande bâtisse de pièce sur pièce, rien qu'un petit *châssis*. Il *tapit* à la porte. Ils dirent :

— *Come in.*

Puis il rentrit là. Trois hommes ; ça lui tapit dans l'idée que c'était des voleurs. Il dit :

— Êtes-vous les trois voleurs qui existent dans ce pays ?

— Oui, ils dirent.

— Bon, je suis justement dans la maison que je voulais être.

Mais c'était la peur qui lui faisait dire. — Bien, vous savez que moi, j'ai été à l'école pour apprendre mon *trade* de voleur. Je suis un des plus fins voleurs qui existent pas.

— Bon, ils dirent, tu es justement le gars qu'i nous faut.

Le lendemain fallait qu'ils se séparirent tous les quatre, mais *à la* même *endroit*. Puis fallait qu'ils furent de retour à la cabane à trois heures.

*All right*, à trois heures les trois voleurs arrivirent à la cabane les premiers ; ils avaient rien fait en tout. Mais Petit-Jean, lui, il avait volé un quartier de viande. Puis il y avait peut-être bien sept ou huit heures qu'ils avaient pas mangé. Bien, qu'ils étaient donc contents. Mais il dit :

— C'est rien, ça. C'est demain que je vas voler par exemple.

*All right*, le lendemain ils partirent puis encore les voleurs avaient rien fait en tout. Mais Petit-Jean, lui, il se rendit à la cabane avec la moitié d'un cochon. Bien qu'ils étiont contents. *Anyway*, il était fin voleur et il continuisit la même affaire pour un an. Au bout d'un an, il dit :

— Moi, faut que j'y a(i)lle rencontrer mes deux frères où (est-)ce que j'avons quitté.

*All right*, quand il arrivit là, il leur demandit :

— Avez-vous fait du progrès ?

— Bien oui, dit Henri, moi j'ai appris le métier de charpentier.

— Bien, dit Petit-Jean, tu vas faire de l'argent dans notre pays. Il y a de l'ouvrage *en masse*. Puis toi, Georges ?

— Moi, dit Georges, j'ai appris le métier de forgeron.

— Ah ! dit Petit-Jean, ça c'est meilleur encore, le roi lui-même peut te faire vivre.

— Puis, toi, ils dirent, Petit-Jean, as-tu appris quelque chose ?

— Moi, il dit, j'ai appris le métier de fin voleur.

— Bien, c'est manière d'une affaire, le roi va te tuer !

— Oui, mais dites-le pas, et personne le saura.

Ils s'en furent chez eux. Leur mère était aussi pauvre que quand ils aviont quitté. Ça *s'adonnait* qu'il y avait rien à la maison pour le dîner. Bien, les garçons lui dirent :

— Faut que vous alliez *sur* le roi chercher de quoi pour dîner.

Elle fut trouver le roi puis elle dit :

— J'ai venu chercher de quoi pour dîner.

— Ah ! il dit, vos trois garçons sont venus.

— Oui.

— Ils avont-ils appris quelque chose ?

— Oui, Henri a appris le métier de charpentier, Georges, le métier de forgeron.

Puis Petit-Jean, elle voulait pas lui dire. Mais ses frères l'avoint dit, le roi le savait, puis il dit :

— Ah ! j'ai su que Petit-Jean avait appris le métier de fin voleur. C'est manière d'une affaire dans le pays ça, il va ruiner le monde.

Bien, *anyway* il donnit quelque chose à la vieille pour son souper puis elle s'en fut, mais le roi lui dit :

— Vous direz à Petit-Jean qu'il vienne ici.

Le roi dit à Petit-Jean :

— *De soir* juste à minuit, je fais cuire douze pains par coup dans un four gardé par douze soldats à faire la garde avec leur fusil sur l'épaule, et si tu peux pas les voler, tu seras pendu à côté de mon château demain à dix heures.

Bien, il s'en fut, puis il dit à sa mère :

— Depuis que vous mangez le pain noir du roi, demain vous mangerez le pain blanc du roi.

Le roi avait trois cochons dans la forêt qui étiont vacants, puis il avait une grosse truie noire, toute noire. Quand la nuit fut faite, il fut dans la forêt, attrapit la truie puis il la tuit, puis il lui levit la peau puis il se fait un habit avec. Puis il s'en fut à quatre pattes au four.

Eux (les soldats), ils crurent que c'était la truie du roi. À mesure qu'ils trouviont un pain, elle l'emportait dans le bois. Ils disiont :

— La truie charrie le pain pour les autres.

Oui, mais c'était Petit-Jean, puis ils le saviont pas.

Le lendemain, le roi fut quérir ses pains. Les pains partis ! Mais il dit aux soldats :

— Comment ça se fait que mes pains sont partis ?

— Mais, ils dirent, hier *à soir* vous aviez dit de *quitter* faire les cochons. La truie noire a venu ici puis elle a tout emporté les pains.

— Ah ! il dit, oui la truie noire, ça, c'était Petit-Jean, le garçon de la veuve.

— Bien, ils dirent, je l'avons manqué.

Petit-Jean dit à sa mère :

— Tenez, ma mère, *à matin quittez* votre pain noir de côté puis mangez le pain blanc du roi, mais faut que vous alliez voir quoi (est-)ce que le roi va vous dire par exemple.

Le roi dit à la vieille :

— Vous direz à Petit-Jean, que cette nuit à minuit juste faut qu'il a(i)lle à mon étable puis qu'il vole mon meilleur cheval puis mon meilleur *cabarouet*. Il y aura douze soldats à faire la garde ; six au *cabarouet* puis six à la porte de l'étable. S'il peut pas les voler, il sera pendu à côté de mon château demain à dix heures.

Quand la nuit fut faite, Petit-Jean s'en fut trouver un couturier puis il se fait faire un habit de missionnaire. Il se mettit une grande barbe jusqu'à ici (la ceinture) puis ce soir-là c'était du *suète* puis de la pluie, puis il se promenait devant l'étable du roi. Il marchait un bout puis il s'en venait. Les soldats disiont :

— Bien, que c'est drôle, un missionnaire dehors dans une pareille nuit.

Il y en a un qui fut à lui puis il dit :

— Bonsoir, père.

— Bonsoir, mon enfant.

— Comment ça se fait que vous êtes dehors dans un pareil temps ?

— Bien, le père lui dit, vous savez que je suis en mission et quand je prêche des missions, je peux pas loger au presbytère.

Le soldat lui dit :

— Pourriez-vous pas venir à la grange, à l'abri ?

— Oui, je peux y aller, mais je peux pas y aller comme un effronté. Faut que je soye demandé.

Il fut puis il s'*assit* dans le foin avec eux. Vers dix heures, le missionnaire dit :

— Moi, faut que je me couche.

Ils dirent :

— Bien, couchez-vous.

— Oui, mais j'ai l'habitude de prendre un petit coup de rhum avant de me coucher.

Il prit un petit coup de rhum. Il demandit aux soldats s'ils en vouliont. Il leur en donnit chacun un coup, tous les douze. Il avait un *quart* de rhum sur lui mais, il avait mis de l'eau *d'endormitoire* dans celui-là des soldats. Au bout de dix minutes, les soldats tombirent endormis. Lui, il se levit puis il fut atteler le cheval sur le *cabarouet* puis il s'en fut chez eux.

Quand les soldats se réveillirent, voilà le missionnaire parti. — Ils croyont encore que c'était un missionnaire —. Ils dirent :

— Ça, c'était Petit-Jean, puis je l'avons manqué.

Le lendemain mantin, quand sa mère se levit, Petit-Jean dit :

— Ma mère, allez voir le roi avec son cheval *et* son *cabarouet* pour voir quoi (est-)ce qu'il va vous dire.

Quand *elle* arrivit sur le roi, le roi était *malcontent* et il dit :

— Vous direz à Petit-Jean que cette nuit à minuit juste, faut qu'il a(i)lle trouver le prêtre de la paroisse. Il a cinq mille piastres en main,

« La truie charrie le pain pour les autres. »

« Quand les soldats se réveillirent, voilà le missionnaire parti. »

barrées dans son *safe*, dans sa chambre. Si Petit-Jean peut pas les voler, il sera pendu à côté de mon château demain à dix heures.

Quand la nuit fut faite, Petit-Jean fut trouver le même couturier, puis il se fit faire un*e habit* toute blan*ch*e, puis il fit mettre en grandes lettres noires écrites dans l'échine, tu aurais pu lire ça du chemin (le conteur pointe le chemin qui est à peu près à soixante-dix *pieds* de la maison) : «L'ANGE GABRIEL DESCENDU DU CIEL ENVOYÉ PAR DIEU ».

Il s'en fut *sur* le roi. Le roi avait des gros boeufs qui travailliont sur la ferme. Il en attelit un sur une petite charrette puis il fit une boîte dessus puis il mit un cadenas sur la porte, puis il s'en fut à l'église. Il *amarrit* son boeuf à la *bouchure*.

Une fois dans l'église, il allumit toutes les lampes puis il prit l'amarre de la cloche, puis sonne la cloche. Ça réveillit le prêtre. Le prêtre dit à son servant :

— Quoi (est-)ce qui (est) arrivé, la cloche qui sonne, les lampes allumées ?

Le servant dit :

— Moi, je vas pas voir.

— Bien, le prêtre dit, moi, faut que j'y a(i)lle.

Le prêtre fut à l'église puis quand il arrivit à la porte, il vut un prêtre qui chantait la messe. Le missionnaire se *revirit* vers le prêtre puis il dit :

— Êtes-vous le prêtre de la paroisse ?

— Oui.

— Bien, venez vous mettre aux balustres.

Le prêtre fut se mettre aux balustres. L'ange lui dit :

— Je vas me *revirer* de bord puis vous allez lire quoi (est-)ce que j'ai d'écrit sur mon habit.

Il se *revirit* de bord. L'ange lui demandit :

— Avez-vous compris ?

Le prêtre lui dit que oui, puis il continuit :

— « L'ANGE GABRIEL DESCENDU DU CIEL ENVOYÉ PAR DIEU. »

— C'est ça, vous savez que je suis envoyé par Dieu pour vous emporter au paradis en corps et en âme tout vivant.

Le prêtre dit :

— Pour ça, faut que j'a(i)lle au presbytère.

— Bien, dépêchez-vous, l'ange Gabriel lui dit, vous avez rien que cinq minutes à vous revoir, puis emportez les cinq mille piastres de la paroisse.

Il fut dans sa chambre, débarrit son *safe,* prit les cinq mille piastres de la paroisse puis quand il arrivit à l'église, il donnit l'argent à l'ange Gabriel mais c'était Petit-Jean, le garçon de la veuve. Puis il dit :

— Viens avec moi.

Il le mit dans son petit chariot puis il barrit le cadenas, puis il donnit l'air au boeuf. Mais dans le chemin c'était *rough,* puis le prêtre disait :

— Eh ! que c'est dur d'aller en paradis en corps et en âme en petit chariot.

L'ange Gabriel lui dit :

— Endurez, vous savez qu'il est dur ce chemin-là.

Oui, mais quand il arrivit *sur* le roi, l'ange Gabriel *amarrit* son boeuf à la *bouchure,* puis il s'en fut chez eux avec l'argent.

Le lendemain matin, Petit-Jean dit à sa mère :

— Tenez maman, voilà cinq mille piastres que j'ai eues cette nuit. Mon frère Henri, lui qui est charpentier, fais-lui bâtir une belle maison ; vous allez vous *enjoyer*, vous *disez* (dites) que votre maison est mal aisée à *entretiendre*. Mais faut que vous alliez *sur* le roi pour voir quoi (est-)ce qu'il va dire par exemple.

Quand elle arrivit *sur* le roi, bien qu'il était manière d'une colère, *anyway*, le roi fut regarder au *châssis* puis il vut un des boeufs *amarré* à la *bouchure*. Il s'en fut là puis il vut une *boxe* neuve. Tout d'un coup il entendit :

— Eh ! que c'est dur d'aller en paradis en corps et en âme en petit chariot.

Le roit dit à un de ses soldats :

— Emporte ma hache.

Il fit voler le *couvert* puis qui (est-)ce qui sortit ? le prêtre de la paroisse. Le roi le reconnut puis il dit :

— Comment ça se fait que tu es ici ?

— Bien, dit le prêtre, cette nuit l'ange Gabriel a venu dans mon église. Il m'a dit que fallait que je fus lui chercher les cinq mille piastres de la paroisse, que j'avais en main, qu'il allait m'amener en paradis en corps et en âme tout vivant, puis il m'a *landé* ici.

Le roi dit :

— L'ange Gabriel ? ça c'est Petit-Jean, le garçon de la veuve.

Le prêtre lui répondit :

— C'est-il toi qui l'as envoyé ?

Le roi lui dit que oui.

— Bien, le prêtre lui dit, rends-moi les cinq mille piastres qu'il m'a volées.

Le roi fut obligé de lui payer cinq mille piastres pour qu'il s'en fut chez eux.

Petit-Jean dit à sa mère, cette matinée-là :

— Faut que vous alliez voir le roi pour voir quoi (est-)ce qu'il va dire.

Le roi dit à la vieille :

— Vous direz à Petit-Jean qu'il vienne ici au plus vite.

Quand Petit-Jean fut le voir, le roi lui dit :

— Comment (est-)ce que tu as décidé de prendre d'argent pour me *quitter* tranquille, pour plus me *bâdrer* ?

— Bien, donnez-moi cinq mille piastres puis votre fille en mariage et jamais que je vous *rebâdrerai*.

— Ah ! le roi dit, mes cinq mille piastres, je te les regrette pas, pas en tout, mais ma fille en mariage, ça c'est pas de mes affaires.

Sa fille était là, puis elle dit :

— Papa, Petit-Jean est si *smart* qu'avec les cinq mille piastres de la paroisse, puis les cinq autres que vous allez lui donner (ce) qui lui en fera dix, je crois qu'il peut me faire vivre.

Comme de fait, il marie la fille du roi puis il se bâtit une belle maison, puis il restit là tout le temps de sa vie. Moi, je restis là trois semaines, puis là ils me chassirent.

## XI. *L'oiseau de la vérité*

*Le conte type 301 A L'oiseau qui vole les fruits d'or qui compose la trame principale de ce récit est enrichi par l'apport de certains épisodes du type 329 La fille du magicien et les cachettes à découvrir et d'un motif du type 313 La fille du diable ou La jarretière verte. La combinaison de ces types est même signalée dans le schéma international du type 329. Connu un peu partout en Europe, le type 301 A a été retrouvé dix fois en France comparativement à dix-sept fois pour le Canada.*

*Ce récit de M. Haché*[1] *est à rapprocher d'un conte de M. Déveaux qui contient également les types 329 et 301 A*[2] *mais où c'est le type 329 qui, à l'inverse, incorpore des épisodes du conte 301 A.*

---

1. Conté en décembre 1957 par M. Marcellin Haché, 78 ans, de Chéticamp, comté d'Inverness, Cap-Breton, Nouvelle-Écosse. Enregistrement AG I de la collection Gérald E. Aucoin. Conte type 301 A, II d, e, f, IV a (lion, bête-à-sept-têtes, licorne), III a, b, IV, 329 II b (3e cheval vert), III a (cachettes : dent, porc, truite ; mariage), 313 III a, 329 III b, 301 V a, b (vieille femme), VI a, e.
2. Voir LA BELLE MUSIQUE, conte V.

# XI. L'oiseau de la vérité

Je m'en vas vous conter le conte de l'oiseau de la vérité.

Une fois c'était un roi qui avait trois garçons. Puis il avait un jardin qui *amenait* des pommes d'or. Mais il s'aperçut qu'à toutes les nuits il y en avait une de volée. Il dit à son plus vieux garçon :

— Si tu veux aller passer la nuit dans mon jardin et demain matin me dire des nouvelles du voleur, je te donnerai la moitié de ma fortune et mon argent.

Bien, il partit. Il s'achetit une *lunch* puis une petite bouteille de vin, puis il s'en fut dans le jardin. Mais le roi fit faire un banc pour mettre dans le jardin pour que son garçon s'*assisit* dessus quand il serait tanné de marcher. Mais vers onze heures il était tanné de marcher. Il s'*assisit* sur le banc. Il s'endormissit. C'était l'oiseau de la vérité qui volait sa pomme d'or, puis il s'aperçut que le roi avait mis un banc dans le jardin. Il ensorcelit le banc pour que tous ceux-là qui iront s'*assir* sur le banc tomberiont endormis.

Bien, le lendemain matin quand il s'en fut, son père lui dit :

— Peux-tu me dire des nouvelles du voleur ?

Il dit :

— Non, je m'ai endormi et, quand je m'ai réveillé, j'ai compté les pommes puis il y en manquait une.

— Ah ! son deuxième garçon lui dit, moi j'y vas *de soir*.

Le deuxième y fut. Il fit la même *geste* que son frère. Mais le troisième, il s'appelait Petit-Jean. Il dit :

— Moi, j'y vas papa, puis je vous garantis bien que demain matin je vous donnerai des nouvelles du voleur.

Il marchit jusqu'à onze heures. Il s'*assisit* sur le banc mais ça lui tapit dans l'idée que tous ceux-là qui alliont s'*assir* sur le banc tombiont endormis. Il se levit. Puis il montit dans l'arbre puis il *guessit* laquelle que le voleur allait prendre. Il se tenait avec une main sur les branches.

Oui, mais bientôt à minuit voilà le voleur, l'oiseau de la vérité. Mais dans le même temps il s'endormissit. Il s'avait assis sur le banc, mais ça le réveillit. L'oiseau lui tapait les ailes dans la face. Ça le réveillit. Mais il volit la pomme puis il s'en fut. Il s'en fut chez eux.

Le lendemain matin, son père lui dit :

— Peux-tu me donner des nouvelles du voleur ?

— Oui, il dit, papa c'est un oiseau qui vole votre *fenne*.

Ses frères lui dirent :

— Un oiseau, puis tu l'as pas tué ?

— Ah ! il dit, ça prendrait plus que nous trois puis papa avec nous autres pour le tuer. Il dit, c'est un oiseau énorme.

Son père lui dit :

— As-tu pas pris la direction par où (est-)ce qu'il a été ?

— Il dit oui, il a volé par dessus la grosse *montain* noire.

Ils partirent tous les quatre : les trois garçons du roi puis le roi. Dans le chemin ils trouviont des plumes qu'il avait *larguées* une ici et une là, toutes sortes de couleurs. Ils disaient que ça ressemblait les arcs-en-ciel qu'il y avait dans le *temps*. Mais bientôt quand ils arrivirent sur le faîte de la *montain* noire ; une porte toute en fer cimentée tout le tour. Ils rouvrent la porte, regardent, ils voyirent pas le fond. C'était noir. Le roi

« C'était l'oiseau de la vérité qui volait sa pomme d'or. »

s'en fut chez eux puis il emportit un grand panier puis un cordage puis une autre petite amarre. Puis là, il dit à son plus vieux garçon :

— Tu vas te mettre dans le panier puis tes deux frères allont te *loer* en bas pour voir quoi (est-)ce qu'il y a là.

Mais quand il fut bas assez qu'ils perdirent le jour de vue, eux, la peur les prit. Il avait *gréyé* une petite amarre, tu sais, pour qu'ils sonnirent une cloche en haut quand ils seriont dans le danger.

Ils sonnirent la cloche, ils montirent en haut. Mais le deuxième garçon se remettit dans le panier. Il fut un petit bout plus loin. La peur le prit, il monte en haut.

Petit-Jean dit :

— Vous êtes tous des peureux. Il dit, moi, je m'en vas me mettre dans le panier. Je me rendrai en bas.

Il se mettit dans le panier puis *loe, loe, loe.* Ah ! tout d'un coup, ça allait plus. Ils dirent :

— Il est rendu au fond.

Mais noir comme sous la terre. Il voyait rien. Il *braquit* à passer ses mains sur la *wall.* Tout à coup, il trouvit une poignée de porte. Rouvre la porte, une *électrique light.* Une belle grande *escalier* qui descendait, qui *revirait* tout le temps en *virant.* Il marchit trois quarts d'heure. Quand qu'il arrivit au bout de trois quarts d'heure, il arrivit à une porte qui était au bout de l'escalier. Puis il y avait une *light* à tous les vingt pas. Une porte. Il rouvrit la porte. Un souterrain tout éclairé pareil comme un *pit,* je dirons, bien éclairé. Il marchit un petit bout, il vut un beau château. Il *tapit à la porte.* Il y a une vieille qui vient lui rouvrir la porte. Elle dit :

— Comment ça se fait que tu es ici, toi ? Il y a quarante ans que suis ici. Tu es le premier gars qui rentre ici.

— Oh ! bien, il dit, moi je pars pour aller voir les grandes villes là, et puis, il dit, j'ai pensé que j'allais rentrer ici.

— Bien, elle dit, pour que tu ailles voir les grandes villes, faut que tu te battes trois nuits de suite, puis tu iras pas avant ça.

— Mais, il dit, avec qui me battre ? Il dit, j'ai pas non seulement un couteau de poche pour me défendre.

— Bien, elle dit, viens par ici.

Elle le conduisit dans une chambre où (est-)ce qu'il y avait des sabres de toutes sortes de sabres. Il y en avait en or, en argent, en nickel, puis elle lui dit :

— Il y en a un vieux là qui a une brèche sur le bout. Ça t'est utile à rien en tout. C'est pas utile que tu le prennes.

Bien, elle, elle s'en fut. Il restit là tout seul. Mais il dit :

— Elle m'a défendu de prendre le vieux qui avait une brèche, je vas prendre celui-là.

Il prit celui-là.

Mais à minuit fallait qu'il se levit pour aller se battre au côté du château. Qui (est-)ce qui vient pour le prendre pour le battre ? Un lion. Le lion se mettit debout sur ses pattes de derrière pour poigner Petit-Jean.

Au premier coup de sabre, il fit voler la tête du lion. Il rentrit dans le château. Il dit à la vieille :

— J'ai tué le lion.

— Tu as tué le lion ?

Il dit :

— Oui.

— Bien, viens par ici.

Elle le conduisit dans une chambre où (est-)ce qu'il y avait une fille, la plus jolie fille.

Elle dit :

— Tu as tué le lion. Cette fille-ici t'appartient. Mais, elle dit, faut que tu te battes *de soir* encore.

Le lendemain au soir, qui (est-)ce qui vient pour le prendre pour le battre, la bête-à-sept-têtes.

Ah ! mon ami, au premier coup de sabre qu'elle vient pour le poigner, il y en fit voler six. Il lui en restait une. Mais là elle vient droit sur lui pour l'envaler, mais il lui coupit la septième. Il rentrit dans le château. Il dit à la vieille :

— J'ai coupé les sept têtes de la bête-à-sept-têtes.

— Bien, elle dit, viens par ici.

Elle le conduisit dans une chambre où (est-)ce qu'il y avait une fille qui était encore plus belle que l'autre. Elle dit :

— Cette fille-ici t'appartient encore. Mais, elle dit, *de soir* pour la dernière fois.

Le lendemain au soir, c'est une licorne qui vient pour le prendre. Elle allait pour lui planter sa corne dans le corps. Mais il était plus *smart* qu'elle, il *jompe* ici, *jompe* là. Elle plantit sa corne dans le château. Avant qu'elle pût s'arracher, il lui coupe le cou. Il dit à la vieille :

— J'ai tué la licorne.

— Bon, mais elle dit, viens par ici.

Elle le conduisit dans une chambre à lit. Il y avait une fille là qui était encore plus belle que les deux autres.

— Bien, il dit, papa est veuf. Ça fera une fille pour mes deux frères, puis une pour papa. Moi, j'en veux pas.

Mais, il voulait aller voir les grandes villes.

— Mais, elle dit, tu peux aller voir à la grange puis il y a trois chevaux. Il y en a un blanc et un noir, puis un petit vert. Mais elle dit :

— Le petit vert, il t'est utile à rien en tout. Elle dit, il est maigre. Il est paré à crever.

Il s'en fut à la grange tel que la vieille lui avait dit lequel que c'était. Il se pensait : « Elle m'avait défendu de prendre le sabre rouillé. Je l'ai pris, c'est ça (est-)ce qui m'a sauvé la vie. Je m'en vas prendre le petit cheval vert. »

Il prit le petit cheval vert, prit une selle puis il lui mettit sur le corps puis le voilà parti pour aller voir les grandes villes. Le soir, ils arriviont dans une grande ville. Son petit cheval vert lui parlit. Il dit :

— Quoi (est-)ce que tu vas faire ici dans un pays que tu connais rien ?

— Bien, il dit, je m'en vas aller demander au roi pour mettre mon cheval dedans puis, il dit, une place pour la nuit.

— Ah ! bien, il dit, *all right.*

Il y fut puis le roi lui dit :

— Oui, tu peux mettre ton cheval dedans puis tu viendras ici coucher au château.

Ce roi-ici avait une fille puis elle s'amourachit de Petit-Jean.

Il couchit là.

Le lendemain matin, le roi lui dit :

— Tu vas te cacher trois nuits de suite, trois jours de suite, puis si je te trouve, tu seras tué à côté de mon château, toi et ton cheval.

*Mondace !* Il fut à la grange puis il contit ça à son petit cheval.

— Où (est-)ce que tu veux que je me cache dans un pays étranger que je connais rien, lui qui connaît tout ?

— Bien, son petit cheval lui dit, regarde dans ma gueule, du bord gauche, la dent plus loin, elle est *lousse* ; arrache-la.

Il arrachit la dent. Le cheval fit :

— Zippe !

(Petit-Jean se cachit dans le trou de la dent. Le roi l'a cherché toute la matinée et ne l'a pas trouvé).

Après la matinée passée Petit-Jean tombit debout sur ses pieds. Il fut trouver le roi. Le roi lui dit :

— Où (est-)ce que tu étais caché *à matin ?* J'ai pas pu te trouver ?

— Bien, il dit, dans la gueule du petit cheval. C'est de votre faute ; c'est pas de la mienne (si vous ne m'avez pas trouvé).

— Bien, le roi lui dit, à demain matin.

Le lendemain matin, son petit cheval lui dit :

— Va au parc où (est-)ce qu'il y a toutes les bêtes féroces. Il te trouvera pas.

Il s'en fut là. Il y avait toutes sortes de bêtes.

Le lendemain matin, quand la cloche sonnit, le roi lui dit :

— Où (est-)ce que tu étais caché *à matin ?*

— Ah ! moi j'avais été voir les bêtes féroces qui étiont en haut dans le parc.

— Ah ! le roi lui dit, il y a rien que là que j'ai pas été.

— Bien, il dit, c'est de votre faute (si vous ne m'avez pas trouvé).

Le roi lui dit :

— Demain matin pour la dernière fois.

Le lendemain matin, son petit cheval vert lui dit :

— Dans son jardin, il y a un petit lac, puis il dit, il s'a *mis en* truite puis il est dans le petit lac. Puis va te donner une ligne puis un *croc,* puis il dit, il va mordre dessus avant sept heures, puis à la minute qu'il sortira de l'eau il tombera debout sur ses pieds.

Oui, mais il fut trouver la fille puis le voilà *braqué* à prendre une marche dans le jardin. La fille lui dit :

— Mais Petit-Jean, trouve papa. Il va te tuer. Il manque plus rien que cinq minutes de sept.

— Bien, il dit, faut que j'envoye une ligne dans le petit lac-là pour voir si je prendrai pas de la truite.

Lui, il savait, mais elle, elle savait pas.

— Bien, elle dit, c'est pas utile, il y a jamais eu de truite ici.

— Bien, il dit, je vas l'essayer *toujours.*

Envoye sa ligne. Il mordit une truite dessus. Quand elle fut hors de l'eau, le roi tombit sur ses pieds.

— Ah ! il dit, tu m'as trouvé les trois matinées.

— Oui, il dit, allez-vous me donner votre fille en mariage à cette heure ?

— Bien, il dit, oui. Je te l'ai promis(e). Je te la donnerai.

Ils se mariirent puis ils se couchirent dans *la* troisième *étage* en haut. La fille lui dit :

— Sais-tu qui (est-)ce qui vole la pomme d'or de ton père ?

— Bien, il dit, non. C'est un oiseau.

— Bien, — elle le fit venir — elle dit : c'est l'oiseau de la vérité. Puis, c'est moi qui l'envoye de voler la pomme de ton père. Puis, à cette heure tu es mon homme. L'oiseau de la vérité parlera pas avant que tu lui parles. C'est toi qui es son *boss.*

176

Mais elle lui donnit trois fèves. Puis il y avait un petit poêle dans leur *room*. Il allumit le poêle. Puis à minuit elle dit :

— Tu mettras tes fèves sur le poêle.

Puis une fève quand ça rôtit, ça fait un pet, ça se tire.

— Mais elle dit, tant qu'il entendra du *train,* papa il viendra pas en haut.

Puis il fut quérir son petit cheval vert puis il le mettit en bas du château, en ligne du *châssis.* Puis elle dit :

— Nous autres, je nous *larguerons* sur le cheval.

Comme de fait, ils se *larguirent* tous les trois sur le cheval ; sa femme, son oiseau de vérité, puis lui. Puis ils prirent l'air.

Quand le roi rouvrit la porte de la chambre, sa fille partie, et son homme puis son oiseau de vérité, tout était parti.

Mais là il s'en *vient back* où (est-)ce qu'était la vieille, dans le château de la vieille. Il s'en vient là. Il mit son cheval dans la grange.

Il dit à la vieille :

— Il y a-t-il venu personne ici ?

Elle dit :

— Non, tu es le premier homme que j'ai vu depuis que tu es parti.

— Bien, il dit, comment ça se fait que j'ai rencontré un jeune homme ?

Il fut à la grange. Il rentrit là. Un jeune garçon. Il dit :

— Comment ça se fait que tu es ici, toi ?

— Bien, il dit, moi j'ai fait pareil comme toi. Mais, il dit, tu as été chanceux assez que tu as pris le sabre rouillé qui t'a sauvé la vie. Puis, il dit, moi je l'ai pas pris, elle m'avait mis en petit cheval vert. Puis, à cette heure, je suis délivré par *la geste* que tu as fait, toi. Je suis un homme tel que vous autres.

— Bien, il dit, viens avec moi [1].

Avant de monter en haut, il sonnit la cloche. Puis ses frères vienrent (vinrent), puis ils montirent les trois filles qu'il avait sauvées. Une pour son père, puis une pour ses deux frères. Puis ils montirent l'oiseau de la vérité, mais ils purent pas le faire parler. Puis ils voulurent pas envoyer le panier en bas pour le monter, lui, Petit-Jean. Il restit là. Il fut là trois jours.

Ils s'en furent au château de la vieille. Il dit à la vieille :

— Faut que vous nous montiez en haut du puits d'épouvante.

Ils appeliont ça le puits d'épouvante.

— Mais, elle dit, je suis pas capable, je suis pas un oiseau, je suis pas un chat.

— Ah ! il dit, ma vieille maudite ! Si tu veux pas me monter en haut, moi puis le gars qui est avec moi, je m'en vas te trancher la tête.

Ah ! *maudit !* elle était prise là. Elle fut obligée de la monter en haut. Quand qu'il arrivit en haut, il s'en fut chez eux. Sa femme le vut venir au *châssis.* Elle fut le rencontrer. Elle l'embrassit tout. Elle était bien aise de le rencontrer.

Mais quand il arrivit chez eux, sa femme lui dit. Elle fut l'embrasser, puis son père. Puis les deux autres filles qu'ils aviont montées. Puis là, ils se mariirent tous ensemble. Ils célébrirent une belle noce. Tous étiont *all right.* C'est tout.

---

1. Ici, le conteur avait oublié cet épisode et il se corrigea plus loin. Nous avons rétabli l'ordre.

## XII.  *La princesse aux cheveux d'or*

*Ce dernier conte de M. Haché* [1] *comporte lui aussi deux types entre-mêlés : les types 314* Le petit jardinier aux cheveux d'or *et 531* La belle aux cheveux d'or. *Ces deux contes sont à peu près également répandus au Canada : 82 versions du type 314 et 78 du type 531. Le glissement de l'un vers l'autre s'explique par le rôle du cheval qui parle, élément commun aux deux contes ; mais ici la liaison est un peu défectueuse dû au fait que l'obtention par le héros d'une chevelure d'or qu'il doit cacher n'est pas clairement exprimée.*

*Ces deux contes sont répartis dans toute l'Europe et l'Afrique et ont été amenés par les Européens dans les colonies d'Amérique. La France pour sa part recense 37 versions du type 314 et 51 versions du type 531.*

1. Conté en décembre 1957 par M. Marcellin Haché, 78 ans, de Chéticamp, comté d'Inverness, Cap-Breton, Nouvelle-Écosse. Enregistrement AG2 de la collection Gérald E. Aucoin. Conte type 314 I d, II, III, IV (abrégé), V a, b, c, 531 III a (princesse), b (soie), d (château et clefs), c (géants), 314 VI (eau de *renjeunesie*), 531 IV b (roi empoisonné), c (suggéré) ou 314 VII (mariage).

# XII. La princesse aux cheveux d'or

Je m'en vas vous conter le conte de la princesse aux cheveux d'or.

Le conte de la princesse aux cheveux d'or ça, c'était une veuve qui avait un garçon. Puis ils étiont pauvres. Il dit à sa mère le lendemain :

— Moi, je pars pour essayer à faire ma vie.

Bien, là, il lui souhaitit le *goodbye,* puis le voilà parti. Mais il marchait dans un chemin de *bois.* Il trouvait rien à tuer, pas même un *écureau.* Mais il continuit sa route. Tout d'un coup, il trouvit une *bouchure,* une belle barrière dans le chemin ; rouvre la barrière. Une belle grosse ferme puis un beau château au *mitan* de la ferme. Mais il voyait du *bois* l'autre bord. Il pensit peut-être bien qu'il y aura de quoi à tuer l'autre bord. Traversit, passit *au ras* le château ; il vut personne mais quand il arrivit à la *bouchure* de l'autre bord, il y a un homme qui lui *huchit* un cri énorme. Oh ! ça l'*épeurit*. Mais il lui répondit pas. Mais tout d'un coup un autre cri qu'il lui *huchit*. Là, il se *dévirit* de bord. Il vut un nègre à côté du château : un des plus *zirables* au monde qu'il avait jamais vu. Le nègre lui a dit :

— Pourquoi (est-)ce que c'est que tu m'as pas répondu au premier cri ?

— Bien, il dit, c'est la peur qui m'a *opposé* de répondre.

— Bien, il dit, viens ici.

Il s'en fut là. Puis il dit :

— Quoi (est-)ce que c'est que tu cherches avec ton fusil ?

— Bien, il dit, moi je cherche de l'ouvrage.

Bien, ça s'en allait soir, à la nuit. Il dit :

— Tu vas coucher ici puis demain *à matin,* il dit, je m'en vas t'engager, moi.

*All right,* il couchit là. Le lendemain matin, le nègre lui dit :

— Es-tu *cook ?* Peux-tu faire à manger ?

— Ah ! il dit, oui. *Tant qu'à* ça, je suis bon *cook.*

— Oui, bien, il dit, tu vas rester au château toi, *duster* le château, faire les lits, tout, puis faire à manger, puis, moi, je vas aller travailler sur ma ferme. Puis, je m'en viens dîner juste à midi ; pas à onze heures et demie, pas un quart après midi, juste à midi. Faut que le dîner soye paré.

— Ah ! bien, il dit, il le sera.

Mais dans ce château-là, il y avait quarante chambres. Il lui donnit toutes les clefs des chambres. Ça veut dire que la première c'était le nombre un, c'était marqué en haut de la porte, puis les clefs un, deux, trois à aller jusqu'à quarante.

— Mais, il dit, la chambre nombre quatorze, il dit, voilà la clef nombre quatorze, puis tu trouveras le nombre de la clef en haut sur la *case* de la porte, quatorze. Mais, il dit, je te défends de la rouvrir. Mais tu peux la rouvrir si tu veux, je te donne la clef. Mais il dit, malheur à toi si tu la rouvres, Petit-Jean.

*All right,* le nègre partit. Il s'en fut travailler sur sa ferme. Il mettit la clef pour Petit-Jean là.

Petit-Jean mettit la clef pour la rouvrir mais la peur le prit. Oui, oui, il mettit la clef pour la rouvrir, mais la peur le prit. Il l'arrachit.

« Qui (est-)ce qui lui fit face ? Un petit cheval noir dans la chambre. »

À onze heures et demie, le nègre arrive au château. Mais il dit :

— C'est curieux, vous m'avez dit *à matin* que vous arriveriez juste à midi, pas à onze heures et demie. Mon dîner est pas paré.

— Ah ! il dit, mon misérable, Petit-Jean. T'as mis la clef dans la serrure pour rouvrir la porte.

— Ah ! il dit, non.

— Ah ! si, je le sais. Je serais-t-il deux cents *milles* d'ici, chaque fois que tu mettras la clef dans la porte, je le sais. Bien, il dit, c'est *all right,* tu as la clef, tu peux la rouvrir si tu veux.

Mais le lendemain matin, le roi retournit travailler sur sa ferme. Quand il fut débarrassé, son dîner il cuisait tout, il s'ennuyait, il était tout seul. Il fut à la chambre nombre quatorze.

Il dit :

— Je crois, il dit, que c'est rien qu'un *bluff,* ça.

Il mettit la clef dans la serrure, puis débarrit la porte, puis il la rouvrit. Il la *tapit* en arrière. Qui (est-)ce qui lui fit face ? Un petit cheval noir dans la chambre. Le petit cheval noir parlit :

— Ah ! mon misérable Petit-Jean. Tu as rouvri la porte. Il dit, j'avons plus rien qu'un quart d'heure à vivre moi et toi. Le nègre va nous avoir la vie. Bien, il dit, vois-tu la selle qu'il y a là ? Bien, mets-moi-la sur le dos, puis il y a un fouet là qu'il y a là puis une chevelure de cheveux d'or. Il dit, mets-toi-la sur la tête, puis une vessie de cochon qui avait été séchée là, soufflée, qui était grosse. Il dit, coupe-la, puis mets-toi-la sur la tête, puis il dit, je te défends de montrer ta chevelure de cheveux d'or. Bien malheur à toi si tu la montres à quelqu'un.

Ils eurent le temps de faire ça avant que le nègre arrivit. Quand le nègre arrivit, la chambre quatorze ouverte, la porte, le petit cheval noir parti puis Petit-Jean ; tout était parti.

*All right,* là, il (Petit-Jean) *embarquit* sur son petit cheval noir puis le voilà parti. Mais quand ils arrivirent un bout, ils voyent un grand lac. Le petit cheval noir s'enlevit en l'air du *temps* pour *reacher* l'autre bord. Petit-Jean dit à son petit cheval noir :

— Pas si vite, il dit, je *perds vent.*

Le petit cheval noir revient à terre. Ils arrêtirent. Il dit :

— J'allons prendre un*e lunch* ici, il dit.

— Quoi, prendre un*e lunch ?* Moi, j'ai rien à manger.

— Mais, il dit, regarde dans mon oreille gauche : il y a une *saquée* de biscuit ; puis regarde dans l'autre : il y a une petite bouteille de vin.

Ils prirent leur *lunch* puis le soir ils se rendirent à la ville. Mais il avait entendu dire à sa mère qu'une grande ville comme celle-là, que c'était réjouissant, que les *borgots,* les musiques, que tout sonnait. Rien en tout, tu aurais pu entendre une souris courir. Puis les pavillons noirs *virés* à moitié-mât. Il s'approchit *au ras* un gars sur la rue puis il dit :

— Comment ça se fait que la ville est si en deuil que ça ?

— Bien, il dit, tu sauras que la reine est morte, puis, il lui dit, demain matin, c'est l'enterrement.

— Bien, son petit cheval noir lui dit, quoi (est-)ce que tu vas faire ici, toi ?

— Bien, moi, je vas aller trouver le roi pour avoir un emplacement pour la nuit.

— Bien, il dit, mets ton cheval dedans, puis il dit, viens ici. Puis tu vas venir à l'enterrement demain matin.

*All right,* le lendemain matin ils furent à l'enterrement. Ils enterrirent la reine. Quand qu'ils arrivirent au château, le roi dit :

— Quoi (est-)ce que tu cherches, toi, avec ton petit cheval ?

Il dit :

— Moi, je cherche des engagements.

— *By God,* si tu étais jardinier, je t'engagerais. Il dit, mon jardinier part de mon jardin. Voilà que ça arrive dans le mois de juin, il dit, il m'a quitté puis j'ai personne d'autre.

— Bien, *tant qu'à* ça, moi, c'est ma *job* ça, faire des jardins.

*All right.* Il contit ça à son petit cheval.

— Bien, son petit cheval lui dit, dis au roi demain matin qu'il te donne deux chevaux puis une charrue puis une herse, puis défais tout le jardin du roi.

Il faisait une belle matinée de soleil. Quand que le roi se levit à neuf heures, Petit-Jean avait tout défait son jardin. Ah ! de colère que le roi était.

— Ah ! il dit, c'est moi qui est (suis) *boss* de votre jardin aujourd'hui. C'est pas vous.

Mais le soir tout était labouré, hersé comme il faut. Il avait fait des couches. Son petit cheval noir lui dit :

— As-tu fait ça (est-)ce que je t'ai dit ?

Il dit :

— Oui.

— Bien, tiens, voilà un petit sac de graines ici. Va-t'en dans le jardin du roi puis sème toutes les graines. Je te dis que demain matin, à neuf heures, quand que le soleil chauffera, tous les bouquets seront poussés à leur maturité. Tout sera joli que le roi aura jamais vu un pareil jardin.

*All right,* il fit ça. Quand que le roi se levit, il voulit regarder au *châssis*. Eh, *bonjour !* le beau jardin qu'il avait. Tous les bouquets fleuris, poussés.

— Bien, le roi dit, j'ai un joli jardin à cette heure.

— Ah ! il dit, voyez-vous comment (est-)ce que j'ai arrangé votre jardin ?

Mais dans le même temps le roi avait le *papier*. Il était en frais de lire son *papier*. Il voyait sur le *papier* qu'il y avait une princesse aux cheveux d'or. — C'est pour ça que c'est dit le conte de la princesse aux cheveux d'or. — Puis il aurait voulu l'avoir pour la marier. Il était *veuve*. Il dit à Petit-Jean :

— Faut que tu a(i)lles me quérir la princesse aux cheveux d'or.

— Bien, il dit, avec plaisir. Où (est-)ce qu'elle est ?

— Ah ! ça dit pas où (est-)ce qu'elle est. Mais, ça dit qu'il y en a une.

Il conte ça à son petit cheval.

— Ah ! dit son petit cheval, vois-tu ? (Il faut) absolument que tu a(ie)s montré ta chevelure de cheveux d'or à quelqu'un.

— Ah ! non.

— Ah ! si.

Le roi avait une fille qui regardait Petit-Jean travailler dans le jardin. Il avait chaud. Il *voûtit* sa vessie de cochon pour s'essuyer. La princesse, la fille du roi, qui était dans le *châssis,* elle vut sa chevelure de cheveux d'or. C'est elle qui dit à son père que Petit-Jean était un frère de la princesse des cheveux d'or.

— Bien, son petit cheval noir lui dit, va trouver le roi. Dis-y qu'il te donne son plus gros bâtiment tout chargé en soie rouge. Puis va-t'en là. La princesse des cheveux d'or est deux cents *milles* d'ici. Va-t'en là puis donne toute ta soie pour rien. Ça pourrait se faire que la princesse des cheveux d'or irait à bord pour en avoir un morceau, puis, quand qu'elle sera à bord, démarre ton *steam,* puis va-t'en.

Comme de fait. Le roi lui dit :

— Je te donnerai tout ce que tu veux.

Il prit le bâtiment du roi puis le voilà parti. Quand qu'il arrivit là, il mettit des *advertises* partout, sur les *stores* et sur les poteaux, puis il donnit toute sa soie pour rien.

La princesse des cheveux d'or lisit ça. Elle s'en fut à bord pour en avoir un morceau. Elle descendit dans la chambre. Il montit en haut. Il dit à son capitaine :

— Démarre le *steam.* Puis par là.

Ce *steam*-là allait quarante *milles* à l'heure. Quand que la princesse aux cheveux d'or montit en haut pour s'en aller ! *Maudit* ! Elle perdait la terre de vue. Ah ! de colère après Petit-Jean.

— Bien, il dit, c'est ça, pour me sauver la vie, moi, faut que je t'emmène dans notre pays.

Elle était assez fâchée qu'elle prit les clefs de son château puis elle les jetit dans la mer. Il y avait peut-être bien deux mille *pieds* d'eau. Il s'en fut chez eux.

Le lendemain matin, le roi regardait dans le jardin. Petit-Jean était là en frais de travailler. Il lui dit :

— M'as-tu emmené la princesse aux cheveux d'or ?

Il dit :

— Oui, elle est à bord de la frégate. Allez la quérir.

Il fut la quérir. Il dit :

— Vas-tu me marier ?

— Ah ! elle dit, monsieur le roi, je vous marierai pas avant de voir mon château ici.

— Oui, ton château ?

— Oui.

Le château de la princesse aux cheveux d'or avait rien que quinze *pieds carrés*. Mais c'était tout fini en or, en argent, en nickel aussi joli comme ça pouvait être. (Elle) retourne trouver Petit-Jean.

— Bien, Petit-Jean, son petit cheval noir lui dit, va trouver le roi, qu'il te donne le même bâtiment. La princesse des cheveux d'or est gardée par quatre géants, puis ils sont forts assez pour prendre le château de la princesse aux cheveux d'or un chaque coin, puis aller le mettre sur le derrière du *steam*. Puis, dis-y qu'il te donne quatre *tonnes* de rhum, puis tu feras saouler les quatre géants qu'ils pouvoint emporter ton château sur le derrière du *steam*.

Comme de fait, il chargit de rhum puis il s'en fut là puis il leur en donnit une *tonne* pesant. Ah ! ils se mettirent pas mal *chauds*.

— Bien, ils disoint, si j'en avions donc d'autre !

— Bien, il dit, si vous voulez aller me quérir le château de la princesse aux cheveux d'or et le mettre sur le derrière du *steam,* je vous en donnerai encore une *tonne*.

Comme de fait. Ils furent quérir le château de la princesse aux cheveux d'or puis ils le mettirent sur le derrière du *steam*. Là, il s'en vient.

Quand qu'il arrivit le lendemain matin, le roi regardit dans le jardin. Petit-Jean était là en frais de travailler. Il lui dit :

— M'as-tu amené le château de la princesse aux cheveux d'or ?

Il dit :

— Il est sur le derrière du *steam*-là. Engagez du monde puis faites-le mettre où (est-)ce qu'elle veut.

Comme de fait. La princesse le fit mettre où (est-)ce qu'elle voulait. Mais ils partirent pour aller voir le château. *Maudit*! Elle arrivit à la porte. Pas de clefs!

— Ah! elle dit, je peux pas vous marier avant que j'aie mes clefs. Mais, elle dit, à tous les cas, vous êtes vieux.

Elle, elle avait dix-sept ans puis lui avait soixante-quinze, le roi. Il retourne trouver Petit-Jean dans le jardin pour les clefs de la princesse.

— Ah! il dit au roi, ce que vous m'avez dit jusqu'à présent pouvait se faire. Amenez la princesse des cheveux d'or, amener le château; ça pouvait se faire. Mais, moi-même qui l'a(i) vue jeter ses clefs dans la mer, il y a peut-être bien deux mille *pieds* d'eau. Qui (est-)ce qui va aller les quérir au fond?

Le roi dit:

— Ça fait pas de différence. Si tu m'amènes pas les clefs de la princesse des cheveux d'or, tu vas être tué, toi et ton petit cheval, demain matin à dix heures.

Il retourne trouver son petit cheval, puis il lui contit ça.

— Ah! il dit, mon misérable Petit-Jean, d'avoir montré ta chevelure de cheveux d'or. C'est ça (est-)ce qu'est l'affaire. Mais, dis au roi qu'il te donne le même bâtiment avec un équipage de pêche. Puis allez-vous-en là où (est-)ce que vous croyez qu'elle les a jetées. Puis, peut-être que vous pourrez prendre du poisson. Il y aurait peut-être un poisson qui pourrait avoir *envalé* les clefs.

Le roi lui donnit le même bâtiment. Ils s'en furent là avec un équipage de pêche. Envoye! Fallait qu'il partît à cinq heures pour s'en aller, s'en revenir. Oui, mais à quatre heures et demie, du poisson *en masse*, mais pas de clefs. Petit-Jean était *déconforté*. Mais ils lui dirent :

— Envoye une ligne, toi.

Il envoyit une ligne. Il prit une grosse *morue de gaffe*. Quand qu'elle arrivit en haut, ils fendirent la morue. Les clefs de la princesse aux cheveux d'or étiont dedans. C'était bien *adonné*. Il s'en fut chez eux. Le lendemain matin, le roi lui dit :

— As-tu les clefs de la princesse aux cheveux d'or ?

— Oui, il dit.

Il lui donnit. Puis il les donnit à la princesse aux cheveux d'or.

— Bien, il dit, vas-tu me marier à cette heure ? Tu as les clefs pour rouvrir ton château.

— Bien, elle dit, je vois, monsieur le roi, sur le *papier*-ici.

— Bien, le roi dit, arrête.

Elle retourne trouver Petit-Jean. Il dit :

— Petit-Jean, faut que tu y ailles me quérir l'eau qui *renjeunesit*.

— Mais, il dit, où ?

— Bien, il dit, ça dit sur le *papier* qu'il y en a, mais ça dit pas où (est-)ce qu'elle est.

Il fut trouver son petit cheval noir puis il lui contit ça.

— Bien, son petit cheval noir dit, l'eau qui *renjeunesit* est deux cents *milles* d'ici sur une grosse *montain* noire. Il y a un petit lac. Puis, sur cette *montain*-là, il y a toutes sortes de bêtes, des lions, des loups, des ours. Il y a toutes sortes de bêtes féroces. Il y a rien de plus sûr que je serons pas capable de traverser ça sans être dévorés par les bêtes de la forêt. Bien, dans tous les cas, c'est pas pire être mangé par les bêtes de la forêt qu'être tué par le roi. J'allons l'essayer. Il dit, mets-moi la même selle que tu m'as mise sur le corps quand que tu m'as pris dans le château du nègre, puis j'allons l'essayer.

Ils traversirent la forêt. Ils se rendirent au lac. Ils attrapirent pas un oeil de mal. Mais il avait une bouteille. Il emplisit sa bouteille mais fallait pas que la bouteille fût bouchée. Fallait tout le temps qu'elle fût rouverte. Fallait qu'il la tenît pour pas *chavirer* son eau. Ça lui prenait... il lui avait donné huit jours à se revoir là, voyez-vous. Au bout de la septième journée ils étiont revenus. Il a été au château du roi puis il a mis sa bouteille dans la chambre à lit du roi sur le *châssis*. Puis là, il s'en retournit dans le jardin.

Malgré que le roi avait une fille, il avait une servante qui *dustait* le château, qui faisait les lits. Elle s'en a été dans la chambre du roi pour faire son lit. Elle a *visé* une bouteille qui était sur le *châssis* qui y avait pas coutume d'être là. Elle a pris la bouteille pour regarder quoi (est-)ce qu'il y avait dedans. Échappe la bouteille. Elle a *chaviré* tout ce qu'il y avait dedans. Là, elle a été quérir un *guenillon* pour essuyer le cas qu'elle avait fait dans la place. Elle s'a mis(e) à genoux. En se mettant d'à genoux, sous le lit du roi, elle a vu une cruche. Elle a *déhalé* la cruche. Elle a rempli la bouteille avec le *stuff* qu'il y avait dans la cruche puis elle l'a mis(e) sur le *châssis* du roi. C'était la même couleur comme l'eau qui *renjeunesit*, mais ça, c'était de *la* pure *poison* que le roi avait là pour tuer la *dust* dans sa chambre.

Le roi a rentré dans le château. Il a été dans sa chambre à lit. Petit-Jean lui avait dit que sa bouteille était sur le *châssis*. Il a pris la bouteille puis la direction disait d'en boire un plein verre à eau sans arrêter pour tomber à l'âge de vingt-cinq ans. Il s'en a vidé un plein verre à eau puis, gloug ! gloug ! Ça l'a empoisonné. Au bout de cinq minutes, il était mort. Il était noir comme le poêle.

La fille du roi a rentré dans la chambre de son père. Son père mort dans la place, noir comme le poêle. Elle a été trouver Petit-Jean. Elle dit :

— Petit-Jean, c'est pas l'eau qui *renjeunesit* que tu as emportée à papa, c'est de *la* pur*e poison*. Elle dit, tu l'as empoisonné, il est mort.

Petit-Jean dit :

— Je peux vous *sermenter* que c'est de l'eau qui *rejeunesit*. Il dit, j'ai un témoin ici que je m'en vas aller chercher. C'est l'eau que j'avons été cherchée.

C'est là qu'il va quérir son petit cheval.

La servante a entendu. Elle s'a mis(e) à genoux devant la fille du roi. Elle dit.

— C'est moi qui a(i) fait le tour. Elle dit, j'ai pris la bouteille qu'il y avait sur le *châssis*, puis je l'ai *chavirée*, tout ce qu'il y avait dedans, puis j'ai pris la cruche que ton père avait sous son lit puis j'ai rempli la bouteille : c'est moi qui a(i) fait le tour.

— Mais elle dit, ça (est-)ce que papa avait dans sa cruche, c'est de *la* pur*e poison*.

— Bien, elle dit, à cette heure tu peux faire de moi ce que tu voudras. C'est moi qui est (suis) la cause que ton père est mort.

— Bien, elle la *payit off* puis elle dit, va-t'en chez vous. Elle dit, je veux plus te revoir ici.

Puis là, Petit-Jean, lui — le roi était mort — il s'*amourachit* de la princesse des cheveux d'or. Il *mariit* la princesse des cheveux d'or. Moi, je me *poussis* pour la fille du roi mais je pus pas l'avoir.

# Glossaire

**Adonner.** V. pr. Coïncider, arriver à propos, par hasard.

**Advertise.** S.m. de l'anglais. Annonce.

**Agoter.** V. tr. Perdre, maltraiter. Battre.

**Aisé.** Adv. Aisément.

**Aller.** *Aller pour*. Chercher.

**All right.** De l'anglais. C'est bien.

**Amarrer.** V.tr. et pr. Lier, attacher.

**À matin.** Ce matin ; au matin.

**Amener.** V.tr. Produire.

**Anyway.** De l'anglais. En tout cas.

**Aoueindre.** V.tr. Aveindre, tirer d'un lieu.

**Appartiendre.** V.tr. Appartenir.

**Arpent.** S.m. Mesure de longueur égale à environ 58 mètres.

**Arrangement.** S.m. Condition.

**Arranger.** *Arranger les vaches.* S'occuper des animaux.

**À soir.** Ce soir.

**Assir.** V.tr. et pr. Asseoir.

**À travers.** En travers.

**Attraper.** *Attraper une tempête.* Essuyer une tempête.

**Au ras.** Voir *ras*.

**Baby.** S.m. De l'anglais. Bébé.

**Back.** Voir *venir*.

**Bâdrer.** V.tr. Tourmenter, nuire, ennuyer.

**Bargane.** S.m. Marché. *Par-dessus le bargane,* le marché.

**Bâsir.** V.tr. Disparaître, mourir.

**Batterie.** S.f. Corvée pour battre le grain.

**Best.** S.m. De l'anglais. Le meilleur.

**Bluff.** S.m. De l'anglais. Attitude destinée à influencer l'adversaire. Jeu de cartes.

**Bois.** S.m. Forêt. *Prendre le bois.* S'établir en forêt ; aller vitement en forêt.

**Bonjour.** Interj.

**Borgot.** S.m. Klaxon, trompette.

**Boss.** S.m. De l'anglais. Maître, patron.

**Botte.** S.m. De l'anglais *boat.* Bateau.

**Bouchonner.** V.tr. Mettre en bouchon, chiffonner.

**Bouchure.** S.f. Clôture.

**Bouillée.** S.f. Touffe d'arbres, d'herbe.

**Bout.** *Être à bout.* Être fatigué.

**Boxe.** S.f. De l'anglais *box.* Boîte.

**Braquer.** V.tr. Commencer.

**Bresse.** S.f. De l'anglais *breast.* Poitrine.

**Bûcherie.** S.f. Corvée lors du coupage du bois de chauffage.

**Butin.** S.m. Linge, vêtements.

**Butin-lit.** S.m. Draps et couvertures de lit.

**By.** Voir *God.*


**Cabarouet.** S.m. Voiture légère à deux roues tirée par un cheval.

**Cabine-boy.** S.m. De l'anglais *cabin-boy.* Mousse.

**Camera.** S.m. De l'anglais. Appareil photographique.

**Camp.** Voir *sacrer son camp.*

**Capable.** Adj. Fort.

**Carasine.** S.f. Pétrole, kérosène.

**Carré.** S.m. Partie de la grange où l'on serre le grain, la paille.

**Carrosse.** S.f. Carrosse, s.m.

**Case.** S.f. Chambranle.

**Casser mes règles.** Ne pas respecter une entente.

**Châssis.** S.m. Fenêtre.

**Chaud.** Adj. Ivre.

**Chausse.** S.f. Barrage, digue construite en travers d'un cours d'eau.

**Chavirer.** V.tr. Verser quelque chose.

**Chercher.** *Chercher pour.* Être à la recherche de.

**Clargir.** V.tr. Sortir, s'en aller. V.pr. S'en sortir.

**Come in.** De l'anglais. Entrez.

**Content.** Adj. Consentant.

**Cook.** S.m. De l'anglais. Cuisiner.

**Corde.** *Avoir la corde au cou.* Se faire pendre.

**Cordon.** S.m. Couette.

**Côte.** S.f. Grève.

**Couquer.** V. intr. Faire la cuisine.

**Courir.** *Courir la mi-carême.* Participer à la mascarade qui visite les maisons le soir de la mi-carême.

**Couvert.** S.m. Couvercle.

**Crampe.** S.f. Crampon, agrafe.

**Crevé.** Adj. Éteint.

**Croc.** S.m. Hameçon.

**Décacher.** V.pr. Sortir de sa cachette.

**Déconforter.** V.pr. Se décourager.

**De soir.** Voir *soir*.

**De secret.** Voir *secret*.

**Déhaler.** V.tr. Tirer d'un endroit à soi.

**Dehors.** *Mettre toute dehors.* Aller à toute vitesse, à toute vapeur.

**Demander pour.** S'informer.

**Dépercher.** V.intr. et v.tr. Tomber d'une place élevée.

**Déplanter.** V.tr. Faire tomber violemment.

**Déserter.** V.tr. Défricher, déboiser.

**Desk.** S.m. De l'anglais. Pupitre, bureau.

**Devenir.** V.intr. Venir de.

**Dévirer.** V.pr. Se retourner.

**Donner la route.** Indiquer la route.

**Double team.** Voir *team*.

**Durer.** V.tr. Avoir hâte.

**Dust.** S.f. De l'anglais. Poussière. Vermine.

**Duster.** V.tr. De l'anglais *to dust*. Épousseter.


**Écarde.** S.f. Carde (planchette garnie de pointes d'acier pour carder). Étrille.

**École de maison.** Exercice pédagogique fait le soir à la maison.

**Écureau.** S.m. Écureuil.

**Égard (en).** À propos de.

**Électrique light.** Voir *light*.

**Élonger.** V.pr. S'allonger, s'étendre, s'étirer.

**Embarquer.** V.intr. Monter dans une voiture, monter un cheval.

**Endormitoire.** S.m. Sommeil, envie de dormir.

**Endroit.** S.f. Endroit, s.m.

**Enjoyer.** V.tr. De l'anglais *to enjoy*. Prendre plaisir à.

**Enterrement.** S.f. Enterrement, s.m. *nent,* s.m.

**Entretiendre.** V.tr. Entretenir.

**Envaler.** V.tr. Avaler.

**Éparer.** V.tr. Étaler, étendre.

**Épeurer.** V.tr. Effrayer.

**Escalier.** S.f. Escalier, s.m.

**Espelle.** S.m. Élan, bout de temps.

**Espérer.** V.tr. Attendre.

**Étage.** S.f. Étage, s.m.

**Être après.** Être à la recherche de.

**Être en fièvre de.** Désirer.

**Éventer.** V.tr. Sentir.


**Faire le jour.** Sortir d'un espace souterrain.

**Faire pour.** Se diriger vers.

**Fenne.** S.f. Bien (sens probable). Ou faîne, gland de hêtre.

**Filerie.** S.f. Corvée pour filer la laine.

**Flèche.** S.f. Arc.

**Foulerie.** S.f. Corvée pour fouler la laine.

**Fourni.** Adj. Meublé.

**Frette.** *Avoir frette.* Avoir froid.

**Furniture.** S.f. De l'anglais *furniture*. Meubles.


**Gages.** S.f. pl. Gages, s.m. pl.

**Garder.** *Garder après quelqu'un.* Prendre soin de.

**Garrocher.** V.tr. Lancer.

**Geste.** S.f. Geste, s.m.

**God.** *By God.* Interj. De l'anglais. Par Dieu.

**Goodbye.** De l'anglais. Au revoir.

**Goule.** S.f. Gueule, bouche.

**Gréer.** V.pr. S'équiper, s'habiller.

**Gréyer.** Voir *gréer.*

**Gricher (se)** V.pr. Se froisser.

**Grippe.** S.f. Poigne, prise.

**Gros.** Adv. Très.

**Guenillon.** S.m. Torchon.

**Guesser.** V.tr. De l'anglais. Deviner.


**Habit.** S.f. Habit, s.m.

**Haler.** V.tr. Retirer, tirer de.

**Hall.** S.f. De l'anglais. Corridor, couloir, salle d'assemblée.

**Home.** S.m. De l'anglais. Foyer.

**Home-work.** S.m. De l'anglais. Devoirs, voir *école de maison.*

**Homme.** S.m. Époux.

**Hucher.** V.tr. et intr. Crier, appeler en criant.


**Job.** S.f. De l'anglais. Travail, emploi.

**Jomper.** V.intr. De l'anglais *to jump.* Sauter.

**Jongler.** V.intr. Penser, réfléchir.

**Jouer pour.** Jouer à.

**Lander.** V.tr. De l'anglais *to land*. Décharger, mettre à terre.

**Larguer.** V.tr. Jeter.

**Les.** Pron. pers. Leur.

**Lieue.** S.f. Mesure de longueur équivalent à 4 kilomètres.

**Light.** *Électrique light*. S.f. Ampoule électrique.

**Lisage.** S.m. Lecture.

**Loer.** V.tr. De l'anglais *to low*. Descendre, baisser.

**Lotte.** S.m. De l'anglais *a lot of*. Beaucoup.

**Lousse.** Adj. De l'anglais *loose*. Dégagé, libre.

**Lunch.** S.f. De l'anglais. Petit repas, goûter.


**Malcontent.** Adj. Mécontent.

**Manger.** V.tr. Démanger.

**Masse (en).** En quantité.

**Maudit.** Interj. Juron.

**Mettre.** V.pr. *Se mettre en*. Se métamorphoser.

**Mille.** S.m. Mesure de distance égale à 1,6 kilomètre.

**Mitan.** S.m. Milieu.

**Mondace.** Interj. Pour *maudit*.

**Mondoux.** Interj. Pour *maudit* (n'a pas la valeur de mon doux).

**Montain.** S.f. Montagne.

**Morue de gaffe.** Grosse morue tirée de l'eau au moyen d'une gaffe.

**Mule.** S.f. Meule.

**Muleron.** S.m. Meule ronde, mulon.

**Musique.** S.f. Instrument de musique.


**Nager.** V.tr. *Nager un canot*. Conduire.

**Noirâtre.** S.f. Crépuscule.

**Nuage.** S.f. Nuage, s.m.


**O.K.** De l'anglais. C'est correct.

**Opposer.** V.tr. Empêcher.

**Oubli.** S.f. Oubli, s.m.

**Ouvrage.** S.f. Ouvrage, s.m.


**Papier,** S.m. De l'anglais *newspaper*. Journal.

**Par.** Adv. Vers.

**Parage.** S.m. *Se mettre en parage*. Faire les préparatifs.

**Partir pour.** Se diriger vers.

**Payer off.** V.tr. De l'anglais. Congédier.

**Pendriller.** V.tr. Suspendre.

**Pidouse.** Adj. Piteux (piteuse).

**Pièce sur pièce.** Bois rond.

**Pied.** S.m. Mesure de longueur égale à 0,30 mètre.

**Pied carré.** Mesure de surface égale à 0,09 mètre carré.

**Pilot.** S.m. Tas, monceau.

**Pit.** S.m. De l'anglais. Puits de mine.

**Plaint.** S.m. Plainte.

**Planche.** Adj. Plan, plat.

**Poison.** S.f. Poison, s.m.

**Pousser (se).** V.pr. Faire des manières à quelqu'un.

**Prendre.** V.tr. Habiter. *Prendre du lard*. Engraisser. *Prendre l'école*. Commencer à fréquenter l'école. *Prendre pour*. Se diriger vers.

**Prime.** Adj. Tranchant, aiguisé.

**Pruche.** S.m. Sapin.

**Quart.** S.f. De l'anglais. Pinte.
**Que.** Pr. rel. Avec lesquels.
**Quitter.** V. tr. Laisser.

**Ras (au).** Loc prép. Près de, à côté de.
**Reacher.** V.tr. De l'anglais *to reach*. Atteindre.
**Rebâdrer.** V.tr. Tourmenter, ennuyer de nouveau.
**Recherche pour (en).** À la recherche de.
**Reconsoler.** V.pr. Consoler, cesser de pleurer.
**Renclos.** S.m. Enclos.
**Renjeunesie.** S.f. Rajeunissement.
**Renjeunesir.** V.tr. et intr. Rajeunir.
**Revirer.** V. intr. Tourner. *Revirer de bord.* Retourner. V.pr. Se retourner.
**Rough.** Adj. De l'anglais. Rude.
**Room.** S.m. De l'anglais. Chambre.

**Sacrer.** V.tr. *Sacrer son camp.* Se sauver, s'en aller au plus vite.
**Safe.** S.m. De l'anglais. Coffre-fort.
**Saquée.** S.f. Contenu d'un sac.
**Sauver (se).** V.pr. S'en aller. *Se sauver de la corde.* Échapper à la pendaison.
**Secret.** *De secret.* En secret.
**Sermenter.** V.tr. Jurer, affirmer sur serment.
**Shoppe.** S.f. De l'anglais *shop*. Magasin.
**Smart.** Adj. De l'anglais. Fin, habile, rusé, intelligent.

**Soigner.** V.tr. *Soigner la grange.* Donner à manger aux animaux.

**Soins.** *Ne pas être sans soins.* Être inquiet.

**Soir.** *De soir.* Ce soir. *Faire gros soir.* Faire pleine nuit.

**Steam.** S.m. De l'anglais. Bateau à vapeur.

**Stuff.** S.m. De l'anglais. Liquide.

**Store.** S.m. De l'anglais. Magasin.

**Subler.** V.tr. et intr. Siffler.

**Suète.** S.m. Vent du sud-est.

**Sur.** Prép. Chez.


**Tant qu'à.** Quant à.

**Taper.** V.tr. Blesser, tuer. *Taper à la porte.* Frapper à la porte.

**Team.** S.f. De l'anglais. Paire, attelage.

**Temps.** S.m. Firmament.

**Tiendre.** V.tr. Tenir.

**Tirer(se).** V.pr. *Se tirer dans le lit.* Se mettre au lit. *Se tirer debout.* Se mettre debout.

**Toffer.** V.tr. De l'anglais *tough.* Endurer, supporter, tenir bon.

**Tonne.** S.f. Mesure de capacité équivalent à 0,9 tonne métrique.

**Torche.** S.f. Torchon.

**Toucher par.** Se diriger à cheval vers un lieu.

**Toujours.** Adv. En tout cas, ça fait que, enfin.

**Trade.** S.m. De l'anglais. Métier.

**Train.** S.m. Bruit.

**Traîne.** S.f. Traîneau.

**Troc.** S.m. Jeu de cache-cache.

**Trouble.** S.m. De l'anglais. Peine.

**Trouver son centre (ne pas).** Être désemparé.

**Truck.** S.m. De l'anglais. Véhicule roulant, à quatre roues, tiré par un animal.

**Venir.** V.intr. *Venir back.* Revenir. *Venir après.* Poursuivre. *Venir en amour.* Devenir amoureux.

**Vent.** *Perdre vent.* Perdre haleine.

**Verge.** S.f. Mesure de longueur équivalent à 0,9 mètre.

**Veuve.** S.f. *Veuf,* s.m.

**Vieille.** S.f. Femme âgée.

**Virer.** V.tr. Tourner. *Virer de bord.* Retourner. *Virer par.* Avoir le dos tourné.

**Viser.** V.tr. Voir.

**Voûter.** V.tr. Ôter.

**Wall.** S.f. De l'anglais. Mur.

**Zirable.** Adj. Dégoûtant.

# Images
# des occupations traditionnelles
# des Acadiens
# de la Nouvelle-Écosse

## La pêche

*Au printemps toute la famille s'emploie à préparer les casiers à homards.*

## L'élevage

On s'initie très jeune aux travaux de la ferme. En arrière, maison typique à trois pignons, deux cheminées et fenêtres étroites pour résister au suète.

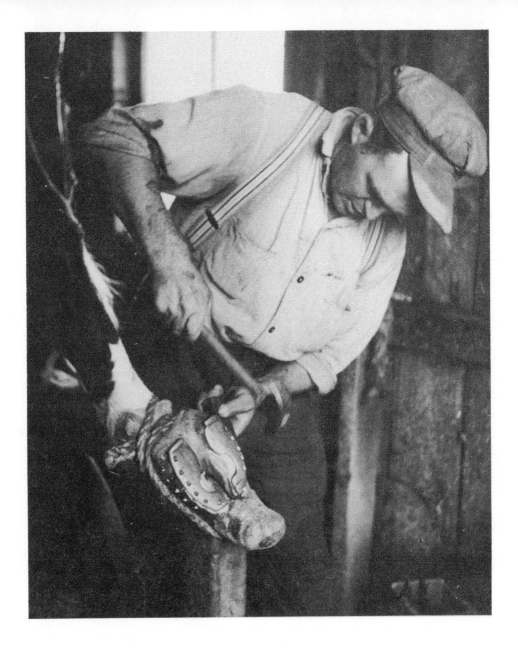

## Le ferrage du boeuf

*Pour bien haler, le boeuf doit être bien ferré : l'opération est délicate car il faut assujettir l'animal dans un travail pour fixer un fer indépendant à chacun des ergots.*

## Le labourage

*Les boeufs fournissent un bon moyen de traction pour labourer; ils tirent franchement et lentement.*

## Le jardinage

*Le gardien du phare profite de ses temps libres pour jardiner.*

## La récolte

*Dans le temps des foins, les enfants en profitent pour associer amusement et travail.*

## Le travail domestique

*La ménagère, dans ses temps libres, en profite pour filer la laine des moutons.*

## Le repos

*Et lorsqu'on est trop vieux pour travailler, tout en jetant un coup d'oeil à la mer, on en profite pour faire ses méditations pieuses.*

# Index des types
## selon la classification Aarne-Thompson

# Table des matières

## Dans la collection Mémoires d'homme

**Contes de bûcherons,** présentés par Jean-Claude Dupont

**Menteries drôles et merveilleuses. Contes traditionnels du Saguenay,** recueillis et présentés par Conrad Laforte

**La bête à sept têtes et autres contes de la Mauricie,** présentés par Clément Legaré, suivis d'une étude sur la «Sémiotique générative de *Pierre la Fève*», par Clément Legaré.

**Les barbes bleues. Contes et récits du Lac-Saint-Jean,** répertoire de M. Joseph Patry recueilli et présenté par Bertrand Bergeron

Achevé d'imprimer sur les presses de
**L'IMPRIMERIE ELECTRA***

*Division de l'A.D.P. Inc.

Imprimé au Canada/Printed in Canada